大夏书系·师道文丛

为师之梦

Weishi zhi Meng

中学教师师德案例读本

Zhongxue Jiaoshi Shide Anli Duben

杨启华 著

檀传宝 丛书主编

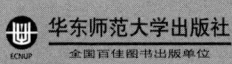

华东师范大学出版社
全国百佳图书出版单位

图书在版编目（CIP）数据

为师之梦：中学教师师德案例读本 / 杨启华著. —上海：华东师范大学出版社，2016

（大夏书系·师道文丛）

ISBN 978 - 7 - 5675 - 5605 - 8

Ⅰ.①为... Ⅱ.①杨... Ⅲ.①中学教师—师德—案例 Ⅳ.① G635.16

中国版本图书馆 CIP 数据核字（2016）第 208062 号

大夏书系·师道文丛

为师之梦
——中学教师师德案例读本

丛书主编	檀传宝
著　　者	杨启华
策划编辑	李永梅
审读编辑	卢风保
封面设计	奇文云海·设计顾问
出版发行	华东师范大学出版社
社　　址	上海市中山北路 3663 号　邮编　200062
网　　址	www.ecnupress.com.cn
电　　话	021 - 60821666　行政传真　021 - 62572105
客服电话	021 - 62865537
邮购电话	021 - 62869887　地址　上海市中山北路 3663 号华东师范大学校内先锋路口
网　　店	http://hdsdcbs.tmall.com
印 刷 者	北京密兴印刷有限公司
开　　本	700×1000　16 开
插　　页	1
印　　张	11
字　　数	139 千字
版　　次	2016 年 9 月第一版
印　　次	2023 年 11 月第三次
印　　数	7 101–8 100
书　　号	ISBN 978 - 7 - 5675 - 5605 - 8/G·9762
定　　价	32.00 元
出 版 人	王　焰

（如发现本版图书有印订质量问题，请寄回本社市场部调换或电话021-62865537联系）

丛书总序
"为我们自己的"和"对我们自己的"道德教育

在日常的学校生活中,所谓德育自然是针对学生的实践。很少有人明晰、自觉地认识到,存在也必须存在一种针对我们教师自身的道德教育——教师专业伦理(或者"职业道德")的修养。教师专业伦理修养、建设的实质,就是为师者"对我们自己的",也是"为我们自己的"最重要的德育。

一、为何师德修养是"为我们自己的"德育?

"对我们自己的""为我们自己的"是一种有趣的相互解释、相互支持的关系。因为"对我们自己"的德育——师德修养首先是为师者"为自己的"最重要的自我教育。最重要的原因包括——

1. 师德修养的实质是教师的"为己之学"

之所以要修养师德,是因为教师专业伦理是我们人生与职业生活质量的最主要的保障。做一个幸福的普通人和做一个幸福的教师,都需要我们修养并且恪守教育的专业伦理。

德福一致,被公认为伦理学的公理。这是因为就精神意义上的幸福

（"雅福"）而言，没有人可以不讲道德而获得幸福，就像没有人可以做到"做了亏心事"还真的能"不怕鬼敲门"。就像王阳明曾经说的，即便是脸皮再厚的惯偷，"唤他做贼，他还扭捏"！反之，高品质的人生，坦荡、宁静的幸福生活当然就需要无愧于天地和他人的行为规范。即便是包含功利计较的幸福（"俗福"），从总概率上说，遵守道德也一定是"划得来"的生活智慧。因为如果总体上不是"善有善报，恶有恶报"，就没有人会理会社会生活中的"交通规则"，则社会生活就会遭遇无穷无尽的交通事故而最终无以为继。也正是因为这一点，伦理学家才解释说，恶人反而活得更好之类的错觉缘于人们对那些德福一致反例的震惊，而这一震惊恰恰证明"善有善报，恶有恶报"的原则从根本上说是更为合乎自然、必然的心灵秩序。

如果我们承认德福一致这个公理，则修养道德，尤其是修养师德当然就是"为我们自己的"幸福生活所做的自我努力。

2. "对我们自己的"教育也是专业上的自我提升

每一个从教的人，都希望获得"得天下英才而教育之"的幸福人生。从教育专业人的角度，师德更是我们收获教育幸福的根本保证。

幸福是人的目的性自由实现的人生状态。没有"目的性"，或者没有"人的""目的性"，就等于没有健康、正常人生应有的梦想。而没有梦想，当然就不可能有梦想实现的人生及喜悦。许多教师遭遇职业倦怠，或者在教育生活中浑浑噩噩、索然无味地打发光阴，是因为他们没有教育家应有的事业心，或者"教育梦"，或者，其某些所谓的"梦想"其实不过是一些追名逐利的猪槽边上的寻觅——将工具性目标看成是人生终极目的的伪梦想。因此，爱岗敬业或者有教育之梦等等，说到底乃是教师获得教育幸福的第一前提。换言之，不断形成、提升教育事业的动机水平，实现教育人生境界的提升乃是教师自我修养的第一要义。

人的目的性自由实现还需要有专业的本事。专业的本事当然首先包括业务上的本事。教不好数学的数学老师当然很难在数学课教学里获得幸福的喜悦，著名数学家陈景润在做中学数学老师时就曾经备感挫折。同理，在学科专业、教育专业修养上有缺失的任何一个科任老师也很难享受任一科目教育的"怡然之乐"。专业的本事还不仅仅是"业务"，也包括专业道德。比如，一个语文老师爱学生的第一件要紧事就是教好语文。因为倘若不能给孩子们的语文学习以应有的帮助同时又宣称"爱学生"，就显得十分可笑、虚幻。同时，业务不仅是包括，还需要专业道德。比如没有事业心（不爱岗敬业）、没有从事教育的内在热情，成为"好教师"的概率为零；又比如，不遵守专业伦理、师生关系、同事关系等等非常糟糕的老师，即便业务好也会在效益上打折扣，流失本该拥有的更为丰沛的教育幸福。因此，从这一角度看，教养即业务，专业伦理的修养也是我们做教师的应有的"本事"。

总之，师德建设从根本上是教师的"为己之学"。从根本上来说，师德修养是我们做教师的人"为我们自己的""对我们自己的"自我教育。

二、如何开展"对我们自己的"自我德育？

如果我们承认教师专业伦理的修养是"为我们自己的""对我们自己的"自我教育，那么，如何开展这一"对我们自己的"德育就十分重要。一般说来，师德修养的基本路径有如下两个方面。

1.教育伦理的专业研习

教育家赫尔巴特将伦理学看成是教育学的两大基础之一（另外一个学

科是心理学），是有道理的。不仅在于伦理学有助于界定教育的目的，也在于伦理学有助于教育效能的提升。但是近代以来，教师的培育、养成，教育伦理的修养所占成分极低。考虑到教育质量低下、教育风气败坏的普遍现实，这一缺憾实在是令人扼腕之至。因此，对于有良知的教育者而言，自觉修养教育伦理实在是当务之急的基本功课。

教育伦理的学习、研究，我们需要考虑三个最主要的领域。首先，教师必须有一般伦理学的学习经历。其实一般人也要学习伦理学。比如学习过亚里士多德关于勇敢的论述的人，当然会更自觉地远离怯懦与莽撞，修养真正的勇敢之德。我们做教师的要做孩子们的人生导师，若我们是伦理学上的"睁眼瞎"，则后果十分可怕。其次，教师要研究伦理在教育应用中的特殊性。法官的公正不等于教师的公正，家长的自然之爱也不同于教师的伦理关怀。不做教育伦理上的明白人，就意味着接受低效、灰暗的教育人生。最后，教师要修养建构教育伦理规范的自觉性。许多教育管理部门喜欢不断自上而下颁布"师德规范"，教师们也往往只是逆来顺受，被动接受这些看起来十分重要的职业规矩。如果我们承认专业伦理的研习是"为己之学"，我们就应该变他律为自律，为自己的教育人生去自我立法。而自我立法的本事当然又需要我们通过不断研习教师伦理学去自觉修炼。

2.教育实践的伦理反思

师德修养的另外一个基本路径是保持对于教育实践的伦理反思态度与习惯。除了对一般伦理原则的恪守，这一反思态度与习惯需要特别针对以下两种教育实践带来的特殊性。

首先是具体教育职业的特殊性。所谓教育职业的特殊性指的是教师的工作场域不同于一般的个人、农民、法官、公务员，教师的日常生活主要是在学校，教学、科研、社会服务是我们最最主要的任务。在日常教学生活中，在教学研究、科学研究中有哪些伦理问题？在不同领域工作的老师在教学伦理实践上会遭遇怎样不同的挑战？在给社会提供教育服务时应当具有哪些道德的敏感性？教师是普通公民，在日常生活中要不要回应"你还是个教师吗"这样的诘问？

其次是具体教育人生的特殊性。所谓教育人生的特殊性是指教师职业伦理发展的时间维度的特殊性。人生的不同阶段有不同的舞台，台台都有不同的风景。比如一个新手、一个成熟的中年教师、一个即将退休的老教育工作者，他们面对的教育生活实际就有很大的差异……因此，教育实践的伦理反思是一种对教育人生的生涯元反思。同理，处于不同学段的老师，比如学前、小学、中学、大学教师面对的教育对象、教育内容等等如此不同，没有结合学段实际的伦理反思怎么可能是真正的实践反思？

一言以蔽之，教育实践的伦理反思的最高旨趣在于学以致用、解决现实问题，即在理论学习的基础上做面向教育实践、服务教育实践、提升教育实践的伦理功夫。

三、"师道文丛"的主要努力

"师道文丛"所收著作，是多年团队努力的结晶。从1998年起，本人一直保持对教师专业伦理的学术兴趣，从《教师伦理学专题——教育伦理范畴研究》（2000），到《走向新师德——师德现状与教师专业道德建设研究》（2009），再到这套丛书，都是本人及我指导的研究生团队（主要是博士生，现在他们大多工作在各大知名院校）筚路蓝缕、努力前行的见证。

这一次，我们的"野心"主要集中在两个领域：一是面向实践的教育伦理分析，二是分学段的教师伦理建构。

之所以要"面向实践的教育伦理分析"，是因为实践中已经积攒了太多的伦理问题，需要我们勇敢去面对。曾经有教育主管部门希望我编一本分析"校长开房"之类"典型师德案例"的教师读本，被我断然拒绝。原因是，真正在专业上"典型"的师德事件往往不是官员们所要面对的突发、偶发的恶性师德新闻（那些反而不是常例），而是教师们正常、日常的教育生活中必须天天面对的伦理课题。比如：教育内容如何选择、教育方法如何斟酌，才合乎专业伦理？新世代的师生关系怎样建构才能公正而有温情？教师的惩戒权如何获得教育性的保障？如何处理家校关系，既形成教育合作又保障教育的尊严？教师的专业形象如何避免神化与魔化的恶性循环？如此等等。我们希望通过对典型案例的分析，与读者一起形成对于教育伦理的系统观察、分析与建构。

"分学段的教师伦理建构"更是我们念兹在兹的希望。遍观国内书市或图书馆有关教师伦理、教师职业道德的著作，对教师真正有益的为数聊聊。其主要原因之一就是大而化之、笼而统之，将不同学段"一锅煮"。而事实上幼儿园教师、中小学教师、大学教师虽然有教育伦理的一致性，但是由于教育生活的巨大差异，他们所要面临的伦理课题也差异甚大。就像幼儿园的小朋友不同于已经成年的大学生，学前到大学各学段教育伦理内容结构、主题、重点、背景均大不相同。不做专门、具体的研究，"对我们自己的""为我们自己的"道德教育如何做到有的放矢、因材施教？也许，我们已经完成的分阶段教师伦理研究还是一颗刚刚发芽、不算强大的种子，但是种子既然已经发芽，只要不乏阳光雨露，假以时日，这一领域的中国教育伦理研究的参天大树就可以被我们理性期待。

基于以上宗旨，本套丛书从 2012 年起就开始了整体策划，历经一线调研、集体研讨、顶层设计、研究与写作等阶段。最终我们集体呈现给读者的是 4 本分学段师德案例（分析）读本、4 本分学段教师伦理学研究，以及一本《教师专业伦理基础与实践》，总共 9 本著作。婴啼初试，瑕疵难免，但这套"师道文丛""为我们自己的"初心执著而真诚。其突出功能与特色在于，我们希望通过集体的努力为全国同行提供一套系统、专业、可读的"对我们自己的"德育教材与教参。阅读、研讨、交流、建构，我们由衷希望"师道文丛"能够对大家的教师专业伦理研习、提升有所裨益！

檀传宝

2015 年 12 月 31 日，京师园三乐居

目录
contents

专题一　有梦有为
——中学教师的职业幸福

003　醉人的康乃馨

005　教师幸福是什么

008　"谁"偷走了教师的幸福

011　教师幸福价值几何

014　追寻职业幸福

024　温暖的力量：做一名普通但幸福的教师

专题二　爱无差等
——中学教师的教育公正

029　被遗忘的学生

032　有差别的爱

034　为何差别对待

037　教育需要公正

040　做一名公正的教师

045　温暖的力量：没有永远坐在最后一排的人

专题三　别样的爱
　　　　　——中学教师的惩戒之道

051　一块打碎的玻璃

054　惩罚的是与非

056　为何"谈罚色变"

059　没有惩罚的教育是不完整的教育

066　惩罚的方式比惩罚本身更重要

070　温暖的力量：爱之深，罚之妙

专题四　向上的课堂
　　　　　——中学教师的教学责任

073　班会课可以这样上吗？

075　教学责任之偏斜

079　缘何偏离教学正轨

082　教学正轨不可偏

087　改"斜"归正

091　温暖的力量：细致之处见真功

专题五　语言之善
——中学教师的教学语言

095　　无形的伤害

097　　恶语伤人六月寒

100　　为何"口无遮拦"

103　　语言暴力该停止

106　　老师，请嘴下留情

112　　温暖的力量：一言之善，贵于千金

专题六　爱有界限
——中学教师与学生的情感关系

117　　恋爱告白

119　　为何恋上教师？

124　　爱的禁忌

130　　让师生关系成为人生的阳光

135　　温暖的力量：我让学生"看"爱情

专题七　戮力齐心
　　——中学教师的团队合作

141　该不该告诉

143　"孤独"的教师

145　"孤独"来自何方

149　合作是必需的吗

154　架起合作的桥梁

160　温暖的力量：寻求教师合作新形式

专题一　有梦有为
——中学教师的职业幸福

醉人的康乃馨

我（张老师）的学生（已经毕业的孩子们）来看我了，他们的书包还背在身上，手里捧着一束康乃馨，来和我过三八妇女节了。看到孩子们的笑脸，闻着康乃馨的香味，哪个老师不心醉呢？同事们看着我乐的样子，打趣我说"美得找不到北了"。

的确，孩子们的到来让我感到意外。妇女节不是什么大的节日，自己都没有重视，没想到孩子们在紧张的学习之余还能够来看望我，祝福我，把献给母亲的康乃馨送给了我。

孩子们还带来别的孩子的祝福，告诉我许多其他孩子的信息，这一切都让我感动。其实和这拨孩子相处的两年是学校初建的两年，两年里，我和孩子们的相处是愉悦的。我们曾经一同创造了良好的班风，一起召开了精彩的班队会。在清晨我们一起诵读文化精品，一起学做人的道理；在傍晚我们共同活跃在操场上，踢毽跳绳，锻炼身体。我们曾经一起为成绩而欢笑，也同样为沉重的荣誉而流泪……[1]

一束普通的鲜花，经由孩子们的手传递给老师，收到这样一束花，很多老师都有过类似的经历。而在三八妇女节，张老师得到已经毕业的"我的学

---

[1] 宋改敏. 教师专业成长的学校生态环境 [M]. 重庆：重庆大学出版社，2011：133-134.

生"的鲜花——一束寓意母爱的康乃馨,却认为是一份意外的幸福感受——"美得找不到北了"。

> 生活和幸福原来就是一个东西。一切的追求,至少一切健全的追求都是对于幸福的追求。
> ——费尔巴哈

张老师为什么"美得找不到北了"?在两年里和孩子们的无数"一起"相处以及"一同、共同、同样"的经历与感受,让张老师从平凡的职业生活中感悟到了幸福。这是一个普通的案例,也是一名教师所感受到的非常普通的幸福,但这样的幸福却韵味绵长。然而,当前有许多教师却似乎从职业生活中体会不到幸福,感受到的只是苦、累,而且觉得追求幸福很无力。什么是作为教师的幸福?这样的幸福,真的就离教师很遥远吗?

教师幸福是什么

幸福是人们孜孜以求的。不论是在日常生活中，还是在职业生活中，我们都希望获得幸福，都在追寻幸福。有人说，幸福就是拥有健康，过着平凡但丰富的生活；有人说，幸福就是快乐；有人说，幸福就是知足常乐……林语堂说幸福很简单："一是睡在自家的床上；二是吃父母做的饭菜；三是听爱人给你说情话；四是跟孩子做游戏。"林语堂道出了最简单但又最幸福的生活状态。孟子曰："君子有三乐，而王天下不与存焉。父母俱存，兄弟无故，一乐也；仰不愧于天，俯不怍于人，二乐也；得天下英才而教育之，三乐也。"孟子认为得到天下英才，对他们进行教育，是君子的三乐之一。然而似乎现在许多教师，并不能从教育职业中体会到幸福。人们对幸福有很多的描绘和比喻，但它又是最难描述的一种状态，那么究竟什么是幸福？什么是作为教师的幸福呢？

什么是幸福，可能难有一个公认的、"标准的"界定。相同的生活境遇，在此人眼中会备感幸福，充满感恩，在彼人眼中或许会深感痛苦，充满沮丧。例如，成为教师，有人会兴奋，觉得很光荣，很有意义，感觉很幸福；但也有人会唉声叹气，愁眉苦脸。也就是说，面对一个事件，面对一种生活境遇，不同的人会有不同的感受。幸福感，在很大程度上是一种源自内心的感受，所以人们的幸福感会不同。生活经历、处世态度、人生价值观等多方面的因素影响着人们的幸福感和幸福观。

教师的职业幸福可以表现为一种愉悦的心理体验，这种心理体验来源于教育教学中的乐趣、充实与成就感，来源于与同事、学生、家长融洽的人际关系，来源于这份职业带给自己的生活的满足。前文案例中，张老师"美得找不到北"就是一种愉悦的心理体验，而这种感受，来自普通的节日，已经毕业的学生返校，把送给母亲的康乃馨送给她。学生对教师的认可和铭记，对教师而言，真正是使人感到快乐和满足。而由此形成的积极的心理体验，又能更好地促进教师不断追求事业的完善和进步，教师在职业生活中就能不断体会到职业幸福。

但是，教师职业幸福并不止步于一种愉悦的心理体验，因为愉悦的体验可能是短暂的、易逝的，引起愉悦体验的原因可能是偶发的、多变的。例如，案例中的张老师的幸福，并不仅仅源于学生能记住她，也不仅仅源于学生送康乃馨给她这类表面现象。因此，在教师的愉悦心理体验的基础之上，幸福定有更深层次的内涵。

亚里士多德认为，幸福是灵魂的合乎德性的实现活动。我们今天来理解，其实，幸福就是"灵魂的实现"，是内心深处最本真的追求得到了实现。当然，在这种实现活动中，需要"合乎德性"。

> 幸福是灵魂的合乎德性的实现活动，幸福既是一种好的生活状态，又是一种现实的活动，是人们追求的最高善。
>
> ——亚里士多德

我们拥有梦想，而通过合理有效的努力，梦想得到了实现，这就是幸福。用一个定义来说明，所谓幸福就是"人们在一定物质和精神生活中由于感受或意识到自己预定的目标和理想的实现或接近而引起的一种内心满足"[①]。从这个定义可以看出，幸福至少包含两个主要的要素：一是有自己预定的目标或理想，二是这个目标或理想的实现或接近。在目标实现或接近的过程中的内心满足就是幸福。

从教师职业的角度来看，教师职业幸福也同样有这两个要素：一是作为教师的教育梦想，这主要是指学生成长方面的目标或理想、教师自我成长方面的目标或理想等；二是目标的实现或接近，也就是将学生培养成才，或者教师自我发展得到逐步实现等。在前文案例中，张老师希望学生能得到发展，这是作为教师对学生最真实的期待，是张老师的教育目标。通过两年时间，学生在张老师的引领下，在班队会、朗诵活动、健身活动、竞赛活动中，学会了知识，学到了技能，学会了做人。尽管离开了学校，他们仍然会追忆过往的生活，感受教师带给他们的成长，认可并感激教师的付出。张老师之所以在职业中感受到幸福，就在于她的培养学生的目标，经过自己的努力得到了实现。在职业梦想实现的过程中，教师感受到充分的职业幸福。因此，教师职业幸福的本质是职业梦想的实现。

---

① 朱贻庭.伦理学大辞典[M].上海：上海辞书出版社，2002：37.

"谁"偷走了教师的幸福

教师幸福并不难，因为它只需要满足最基本的两个条件——拥有教育梦想，并且教育梦想得以实现或接近。但是，教师的幸福又似乎很难获得，因为这两个看似简单的条件，却往往难以得到满足。教师职业幸福的缺失，也主要源自这两方面的因素不具备。

在职业生活中，不少教师缺乏职业幸福所应具备的第一个因素——拥有教育梦想。而缺乏教育梦想，又因为教师的不同特点而具有不同的原因。有的教师从事教育工作，不是自己最情愿的选择，有很多的无奈和不满意，但不得已而选择之。教育工作被视为一种谋生的手段，缺乏从业的热情和积极性，更无须谈是否拥有教育梦想。有的教师热爱教育工作，但是缺乏对职业的长远规划，缺乏对自身成长的规划，仅仅埋头于各种具体工作的完成。在日复一日的重复性工作中，感觉缺乏入职之初的激情，而工作的热情也被繁琐的工作磨灭，看不到自己未来的发展方向，看不到职业的前景，从而逐渐产生了职业倦怠，幸福指数日渐降低。这种情况在许多老师身上体现明显。还有一些教师，不论是否喜欢从事教育教学工作，既然从事了这份职业，就希望能在职业中发挥最大的才能。他们拥有教育梦想，有对学生成长的期许，有对自身的职业发展的规划，但是，社会、学校等多方面的因素，阻碍了教育梦想的实现，使得他们迫不得已放弃理想回归现实。教育梦想遭受多次的阻力之后，渐渐消失，有的教师由此产生了悲观消极的情绪，职业幸福感也渐渐消失。当然，在教师职业梦想消失的过程中，既有社会因素的影响，也有教师个人因素的影响。在同样的社会因素下，教师如何看待种种不利因素、能否葆有教育梦想，是影响教师幸福与否的非常重要的个体性因素。

导致中学教师职业幸福感缺乏的另一个重要因素是——教育梦想难以实现或接近。教育梦想难以实现或接近，既有教师个人能力的原因，也有外部社会环境的原因，而外部环境对教师梦想的冲击越来越大。因此这里重点分析社会、教育和学校因素对教师职业幸福的影响。

首先，社会大环境影响着教师职业幸福感。我国有着尊师重教的悠久传统，自古以来教师便被视为神圣而崇高的职业，"天地君亲师"，把"师"与天、地、君、亲并称，可见教师地位之高。在现在，人们仍然重视教师职业，认为教师职业神圣而崇高。但现实来看，教师真实的社会地位并不高，而社会对教师的期待和要求却很高。青少年成长出了问题，有时候是多方面因素造成的，但社会、家长常常将指责的目光投向教师，给教师造成了很大的心理压力，抑制了教师的幸福感。近些年，有关教师的负面报道也不少，在社会上掀起质问师德师风的浪潮，社会公众容易将个别教师的特例泛化到所有教师身上，认为教师群体的素质日渐低下，对教师的批评之声也越来越多。教师群体的社会尊重度日趋下降，与超负荷的身心劳动付出形成强烈反差，导致教师心理的严重失衡，极大地影响了教师的职业幸福感。

其次，教育教学的任务和挑战给教师带来压力，磨灭了教师的职业幸福感。基础教育课程改革对学校教育不断提出新的要求，要求教师在教育理念、教学方式上都有根本转变。原本，适度的压力和挑战是促使人前进的动力。但是，应试教育的现实使得教师承受了巨大的压力。社会公众对学校、教师的评价很大程度上还是以升学率为主要标准。教师的教育现实是，既要落实新课程改革的理念，更新教学内容，采用新的教学方法，又要为提高学生升学率而采取旧的教学安排。新课程改革的理念和唯分数至上的教育现实目标之间存在较大的冲突，导致教师无所适从，在工作中感到迷惑、茫然和疲惫。

此外，学校的现实环境也影响教师的职业幸福感。在学校中，教师要完成多种任务，处理各种关系。在师生关系中，教师要处理不同的学生冲突，面对个性特点各异的学生，例如"小皇帝"一般被娇惯的学生、桀骜不驯的学生、心理承受能力低的学生等，教师感觉现在的学生说不得，说轻了没有教育效果，但又怕哪句话说重了学生不能承受而引发其他事件。在家校关系中，教师要面对不同的家长，有对孩子漠不关心，将孩子成长问题全部推给教师的家长，也有过分维护孩子，动不动就维权的家长。在学校管理方面，学校过于注重以量化考核来评价教师，而在追求升学率大环境下，升学率、学生考试分数的高低与教师的经济待遇、聘用、升职等直接挂钩，人为地加重了教师之间的竞争压力。凡此种种，都导致教师感受到工作压力大，感到紧张、压抑，这种情绪迁移到工作中，很难有职业幸福感可言。

教师幸福价值几何

很多教师感受不到幸福，产生职业倦怠，幸福很重要吗？答案是，当然重要！教师的职业幸福对教师自身、对学生、对社会都具有积极意义。

幸福是人的终极追求，对人具有终极意义。正如《独立宣言》中所述，对幸福的追求，是不言自明的真理。精神医学大师弗兰克在他所创造的"意义治疗法"中，向人们提出了一个最基本的问题：我们为什么热爱生活而终日忙忙碌碌？为什么不自杀？我们可能回答自己还有未完成的事业，还有父母要赡养，还有儿女要养育抑或不想舍弃财产，不愿抛下亲人，不忍带走美好回忆等等。从根本上说，所有这些回答都是因为我们还觉得生活有意义、值得过，归根结底是因为我们所享有的快乐和幸福多于所遭受的痛苦和不幸。相反，如果我们的痛苦和不幸多于快乐和幸福，我们就不会觉得生活有意义并且值得过了。所以，幸福对人具有终极价值。

教师职业幸福对教师具有终极意义。职业生活是人生的很重要的组成

> 我们认为以下真理是不言自明的，即所有的人天生平等，上帝赋予了他们一些不可剥夺的权利，其中有生命、自由和对幸福的追求。
>
> ——杰斐逊《独立宣言》

部分。在职业生活中是否幸福，影响着人的整体幸福感。中学教师工作强度大，从清早到傍晚甚或深夜，教师的主要时间都在学校度过；如果将教师职业作为一生所从事的最主要的职业，那么教师将有几十年的时间都在学校度过。因此，在学校的生活幸福，就成为教师人生幸福的重要组成部分，教师职业幸福成为教师人生幸福的"重头戏"。在职业生活中感受到幸福的教师，人生的这么多年，每年的这么多天以及每天的这么多时间都感受到幸福，人生的幸福感就由这幸福的分分秒秒组成。此外，教师职业幸福影响着教师生活其他方面的幸福。每个人的生活都是有机组成的，某一方面会影响其他方面。职业生活中的幸福感，会影响到日常生活的幸福感。因此，感受到职业幸福的教师，也会把愉快的心情、向上的面貌带到生活的方方面面，带动整体生活质量的提高。

苏霍姆林斯基在他的《把整个心灵献给孩子》中，描绘了作为一名教师平凡而又深刻的幸福。

"在一所农村学校身不离校地工作三十二年，这对我来讲是无与伦比的幸福。我把自己的一生献给了孩子们。"[①] "今后我还会天天和你们在一起，带领你们度过青春年华直到长大成人。五年来，我拉着你们的手一步一步向前走，我把整个的心都给了你们。诚然，这颗心也有过疲倦的时刻。而每当它精疲力竭时，孩子们啊，我就尽快到你们身旁来。你们的欢声笑语就给我的心田注入新的力量，你们的张张笑脸使我的精神重新焕发，你们那渴求知识的目光激发我去思考。"[②]

教师的职业幸福，不仅关乎教师自身，还影响到学生的心境和学生的成

[①] [苏]苏霍姆林斯基.把整个心灵献给孩子[M].唐其慈，毕淑芝，赵玮，译.天津：天津人民出版社，1981：前言.

[②] 同上：352.

长。和教师的主要时间是在学校度过一样，学生也主要在学校度过自己成长的重要时光，学生与同学、教师的相处时间甚至超过了与家长的相处时间。学生的幸福成长与教师职业幸福有着密切的关系。我们再回到前文所提到的幸福的几种内涵，来看教师的幸福如何影响学生。一方面，幸福是一种愉快的情感体验，教师的幸福感容易使学生也产生愉快的情感体验。在学生面前，教师的一颦一笑、喜怒哀乐都逃不过他们的眼睛，不论教师有意还是无意将情感传递给学生，学生都会受到教师的情绪情感的影响。幸福的教师，他的积极情感能为学生所感受到，并使学生也产生积极的情感。另一方面，教师的幸福从本质上看是教师的梦想得到实现或接近，其实就是教师的人才培养目标的实现或接近，也就是将学生塑造成人。从这个角度看，教师的职业幸福，就意味着学生的健康成长得以实现或接近。教师的职业幸福，其实就是促成学生的幸福。理想的教育就应该是培养真正的人，让每一个从教师手里培养出来的人都能幸福地度过一生。

由于教育活动的社会性，教师职业幸福对于社会也具有重要意义。教育活动涉及的主体很多，有教师、学生、学生家长等，所以教师职业幸福关系到许多人的幸福，也关系到社会的整体幸福。例如，教师在职业生活中感到幸福，会以饱满的热情投入工作，也会以愉悦的心情对待家人，教师家庭的幸福感能得到增强；教师职业幸福促进学生的幸福，学生的幸福带动家庭的幸福；不论是教师家庭还是学生家庭，都是社会的细胞，家庭的幸福又可以促进社会的整体幸福。

再者，教育是传承文明的主要渠道，为社会发展提供人力保障，事关社会的文明、和谐与进步，而教师又是教育事业发展的核心力量，其职业幸福的社会价值不言而喻。

追寻职业幸福

教师的幸福，和社会背景、教育背景、学校现实都有关，那么，教师幸福的获得，显然需要社会各方面共同作用。但目前，社会全方位的支持系统并不健全，是不是就意味着职业幸福离教师非常遥远？答案当然是否定的。下面这个许多人熟知的墓志铭能带给人一些思考。

英国圣公会主教墓志铭

当我年轻的时候，
我的想象力从没有受到过限制，
我梦想改变这个世界。
当我成熟以后，我发现我不能改变这个世界，
我将目光缩短了些，决定只改变我的国家。
当我进入暮年后，我发现我不能改变我的国家，
我的最后愿望仅仅是改变一下我的家庭。
但是，这也不可能。
当我躺在床上行将就木时，我突然意识到：
如果一开始我仅仅去改变我自己，
然后作为一个榜样，我可能改变我的家庭；

在家人的帮助和鼓励下，我可能为国家做一些事情。

然后谁知道呢？我甚至可能改变这个世界。

它说的是改变世界，可以从改变自我开始。同理，想要作出改变，如果不能改变外部环境，可以从自我的转变开始。教师幸福也如是，在外部环境的改善并非一朝一夕的情况下，教师要获得幸福，需要从个体角度作出努力。教师要学会活在当下，从当下开始追寻幸福。

面对相同的情境或相同的困境，有的教师表现出积极乐观的态度，有的教师却苦恼愁闷。不同的心态影响着教师的职业幸福感。罗素说："种种不幸的根源，部分在于社会制度，部分在于个人心理。"保持积极乐观的心态，顺其自然，为所当为，教师才能享受职业的幸福。在谈到观念对教师职业幸福的影响时，一位担任副校长的特级教师阐述了如下观点。

为什么有的教师感到不幸福？原因是有些教师的观念和心态有问题。他为什么感到很烦躁？因为他认为自己每天都是在纠错、补偿中度过，老师和孩子都很痛苦。如果反过来试试，以良好的心态做事，认为没有在纠错，把纠错看作是自己和孩子每天都在进步，这样心情就好多了。明天再来一天，坚持下去，形成良好的循环就好了。

再就是，改变我们的思维方式很重要。出现问题时，老师的归因方式有问题，更多地认为学生有问题，家长有问题，学生的基础有问题。我们不仅要进行问题的外归因，还要更多地进行内归因，我们要用一种新的理念和思维方式来看待这个问题，要更多地反思自己，在改变对学生的态度的过程中得到快乐。一个成功老师的评价标准不能是得100分的学生是最佳的，应该也让成绩差的学生喜欢这门课。老师应该思考："教育到底是为什么？教授一门课程只是一种手段,目的是培养学生对生命的感悟。"[1]

除了积极健康的心态外,获得幸福还有赖于人们对幸福的感知。很多时候,人们身处幸福而不自知。毕淑敏曾说自己是一个"幸福盲"。

若干年前,看过报道,西方某都市的报纸,面向社会征集"谁是世界上最幸福的人"这个题目的答案。来稿很踊跃,各界人士纷纷应答。报社组织了权威的评审团,在纷纭的答案中进行遴选和投票,最后得出了三个答案。因为众口难调意见无法统一,还保留了一个备选答案。

按照投票者的多寡和权威们的表决,发布了"谁是世界上最幸福的人"的名单。记得大致顺序是这样的:

一、给病人做完了一例成功手术,目送病人出院的医生。

二、给孩子刚刚洗完澡,怀抱婴儿面带微笑的母亲。

三、在海滩上筑起了一座沙堡的顽童,望着自己的劳动成果。

备选的答案是:写完了小说最后一个字的作家。

消息入眼,我的第一个反应仿佛被人在眼皮上涂了辣椒油,然而十分怀疑它的真实性。这可能吗?不是什么人闲来无事,编造出来博人一笑的恶作剧吧?还有几分惶惑和恼怒,在心扉最深处,是震惊和不知所措。

也许有人说,我没看出这消息有什么不对头的啊?再说,这正是大多数人对幸福的理解,不是别有用心或是哗众取宠啊!是的是的,我都明白,可心中还是惶惶不安。当我静下心来,细细梳理思绪,才明白自己当时的反应,是一种深入骨髓的悲哀。原来我是一个幸福盲。

为什么呢?说来惭愧,答案中的四种情况,在某种程度上,我都一定程度地拥有了。我是一个母亲,给婴儿洗澡的事几乎是早年间每日的必修。我

---

[1] 王传金. 教师职业幸福研究 [D]. 上海师范大学, 2008: 112-113.

曾是一名医生，手起刀落，给很多病人做过手术，目送着治愈了的病人走出医院的大门的情形，也经历过无数次了。儿时调皮，虽然没在海滩上筑过繁复的沙堡（这大概和那个国家四面环水有关），但在附近建筑工地的沙堆上挖个洞穴藏个"宝贝"之类的工程，肯定是经手过了。另外，在看到上述消息的时候，我已发表过几篇作品，因此那个在备选答案中占据一席之地的"作家完成最后一字"之感，也有幸体验过了。

我集这几种公众认为幸福的状态于一身，可我不曾感到幸福，这真是莫名其妙而又痛彻的事情。我发觉自己出了问题，不是小问题，是大问题。这个问题如果不解决，我所有的努力和奋斗，犹如沙上建塔。从最乐观的角度来说，即使是对别人有所帮助，但我本人依然是不开心的。我哀伤地承认，我是一个幸福盲。

我要改变这种情况。我要对自己的幸福负责。从那时起，我开始审视自己对于幸福的把握和感知，我训练自己对于幸福的敏感和享受，我像一个自幼被封闭在洞穴中的人，在七彩光线下学着辨析青草和艳花，朗月和白云。体会到了那些被黑暗囚禁的盲人，手术后一旦打开了遮眼的纱布，那份诧异和惊喜，那份东张西望的雀跃和喜极而泣的泪水，是多么自然而然。

哲人说过，生活中缺少的不是美，而是发现美的目光。让我们模仿一下他的话：生活中也不缺少幸福，只是缺少发现幸福的眼光。幸福盲如同色盲，把绚烂的世界还原成了模糊的黑白照片。拭亮你幸福的瞳孔吧，就会看到被潜藏、被遮掩、被蒙昧、被混淆的幸福，就如美人鱼一般从深海中升起，哺育着我们。①

作为教师，也不要成为幸福盲。学会用发现幸福的眼光去找寻职业

---

① 毕淑敏. 幸福盲［OL］. 语文备课大师，［2016-4-21］. http://www.xiexingcun.com/yuedu/ShowArticle.asp?ArticleID=20243.

生活中的幸福。例如，在与学生相处之时，和学生一起感受纯真的生活；在教育教学中，感受职业能力提高带来的幸福体验；在和同事相处时，感受团队合作的力量。发现生活中的点点滴滴带来的感受，感悟其中的幸福。

教师职业幸福还依赖于两个关键性的因素。从教师职业幸福的两个条件，我们来探讨教师如何通过自我努力来追寻幸福。

1. 拥有教育之梦

教师职业倦怠的产生，源自缺乏教育梦想或教育梦想逐渐消失。工作的疲乏感觉消减了教师的幸福感。所以，找寻教育之梦是教师职业幸福的必备因素之一。只有具有对职业生涯中的自我的发展渴望和设想，具有对职业活动中学生成长的期盼，才有不竭的职业动力，才会产生职业的充实、满足感，也才能有幸福感的满溢。

拥有教育之梦，需要教师从以下两方面去努力：

首先，将教育职业视为是能为之不懈奋斗的事业，而不仅仅是谋生的手段。不论是否是主动的职业选择，"干一行，爱一行"，以责任心做好各项工作。在努力付出的前提下，教师能感受到职业的成就感。把职业当作事业，会主动开拓、奋发进取，充分挖掘潜能，追求生命价值

> 有些职业是这样的高尚，以至一个人如果是为了金钱而从事这些职业的话，就不能不说他是不配这些职业的；军人所从事的，就是这样的职业；教师所从事的，就是这样的职业。
>
> ——卢梭

的实现。"一名普通的中学教师却能走上知名《百家讲坛》，正说清朝二十四臣，当中央电视台《人物新闻周刊》的主持人问纪连海有什么成功的秘诀时，他说自己只是把教师职业当成事业来做。在他看来，工作有两种：一种是职业，一种是事业。而当中学教师就是他的事业，而不是职业。""一位美国著名管理学家说，把职业当成工作，往往一事无成；把职业当事业，往往成就非凡。"[①]

其次，教师应进行职业生涯规划，按照职业发展的阶段设定不同的发展目标。教师职业生涯并不是一成不变的，而是有其发展的规律性、阶段性。在不同的发展阶段，教师面临的发展任务不一样。例如，刚步入工作岗位的教师，缺乏教育实践，对教育教学工作的认识和理解还处于懵懂与摸索阶段。相比之下，工作时间较长的教师，已经在实践中积累一定经验，能更自如地处理教育教学活动中的问题。教师要能够认清自我发展的阶段，明确下一步发展阶段的主要目标和任务，澄清可能会遇到的难题和困惑。这样，教师的发展就是有准备的，走向专业化的。当前不少教师职业倦怠，很重要的原因在于没有找准发展的阶段性，没有看到新的发展阶段的挑战和机遇，往往容易认为自己没有发展的空间和机会，发展陷入停滞。事实上，教师的发展贯穿于教师职业生涯的始终。能够认清发展阶段，并对自我发展提出高要求的教师，在职业生涯的始终都是积极进取的状态，职业倦怠较少，更容易体会到教师职业的幸福。

许多教师的成长规划停留在模糊的、隐性的水平上，掩盖了教师成长的自主性。为了有效地引领自身的成长，教师必须做一个清晰的、显性的规划，讲究规划的策略。

[①] 李曙明，刘可钦：追寻教师职业的幸福［N］.中国教育报，2008-3-27(4).

（1）了解自己。

每一位教师都是一个完整的世界，没有重复，各有特色。开辟教师心灵深处的荒漠，真正地了解自己是迈进自我成长规划的第一步。

首先，教师要了解自身现有的各种发展水平。教师生活离不开教室、办公室和家庭，那么教师的现有发展水平可以从课堂教学生活、同事交往生活及家庭生活三大部分加以考察，从而得出关于教师自身能力、素质、师德等方面的一些量化或质性的结论。

其次，了解实际还必须指向过去。对现有水平的考察并不是自我了解的终结。教师还必须分析现有水平背后的原因，即为什么我在这些方面会比较优秀，而在另外一些方面有会显得比较薄弱。

最后，教师还需要对自己的潜力进行估计，这是了解自身的真正目的。发展潜力的估计立足于对发展原因的分析。有些方面虽然现在取得了不少成果，但却是自己付出了比别人多得多的努力赢得的，在这一方面教师的发展可能就潜力不大；相反，有些方面可能现在稍有不足，但教师可能发现自己在这方面进步很快，而且也很有兴趣，这应该就是教师的潜力所在。

（2）了解学校。

学校能为教师提供多大的发展空间？学校领导注重教师的持续发展吗？学校为教师的发展提供了多少可供利用的资源？学校的发展环境对教师的成长是重要的。充分利用学校现有的发展资源很重要。学校的发展资源主要包括学校的运行制度、办学思路、可开发的课程资源和教师的总体素质。

学校的发展环境可以从两个层面加以把握：首先，学校的发展潜力，即学校里有哪些东西是基本不会改变的，有哪些东西是近期内可以改变的，有哪些东西是今后必然会改变的；其次，自己可获得的发展资源，比如，这是一个重视科研的学校，教师就可以获得更多的进行教育教学实验的机会。

（3）明确目标。

在对自身的实际和学校的发展环境进行分析之后，教师对自身发展的潜力和发展的空间有了一个全面的了解，教师成长的目标也就逐渐凸显出来。缺乏目标引领的教师是没有追求的教师，也是蛮干的教师。从阶段上看，目标大体上可以分成近期目标、中期目标和长远目标。

首先，教师要确立长远目标。高级教师、模范教师或者是特级教师是每一位教师孜孜以求的目标；但这只是外在的东西。教师的长远目标应当是教育水准的不断提升，教育思想的渐进深刻，教育影响的持续拓宽。每一所学校，好教师不少，各有特色，既有以教学见长的教学型教师，又有以教育科研见长的教研型教师，同时也有以学校经营见长的领导型教师。教师应根据自身的知识结构、职业素养及思维方式选择发展路径。

其次，规划的三个层次的目标详略是不同的。长远目标注重长远，只要目标明确，有个大体构想即可；中期目标要求阶段清晰，工作重点明确；近期目标则要细致具体、行动明朗、弹性适度。

（4）撰写教师成长书。

一本教师抒写自己成长经历的书，就是教师成长书。它为教师的发展提供了行动指南，记录了教师的种种表现，并为教师的不断反思保留了丰富翔实的材料。教师成长规划是一个过程，直接指向教师成长的未来，贯穿于教师成长的整个过程，体现在教师成长书的撰写活动中。

教师成长书主要包括三个方面的内容：行动指南、行为表现和实践反思。行动指南将教师成长目标细化成一个个具体的行动计划，指导教师有目的地付诸行动；行为表现真实地记录了教师行动的整个过程、行动中所遇到的种种困难以及所取得的成果；实践反思既是对成长目标实现与否的一次检验，又是对教师教育教学水平的一次总结，更是根据实际情况进一步调整行动计划的开始。

随着时间的推移，教师的教学经验不断丰富，教学技巧更为讲究，教师的成长呈现出阶段性的特征。因此，教师成长书的撰写应及时跟进教师的进步状况，准确定位教师的发展水平，分阶段地进行。而对自身发展水平的准确定位来源于对行为表现的具体分析，形成于实践反思活动过程中，指向教师成长的新的目标，从而最终又回到教师成长书的行动指南上来。

2. 拥有实现或接近教育梦想的能力

我们说，幸福本质上是人的目的性的自由实现。"自由实现"就要求教师拥有实现梦想的能力。如果在追求梦想的道路上屡屡受挫，显然很难有幸福感可言。追寻幸福，就需要教师从多方面提升教育能力。在教育知识上，具有丰富的知识面、深入钻研教学内容的教师，能给学生更多的知识的引领；在教育教学方法上，不断探索适合学生的教学方法，充分发挥学生学习积极性的教师，能在教学上起到事半功倍的效果；不断提升专业道德的教师，更能妥善处理好职业生涯中的冲突，并从人格上对学生产生潜移默化的影响。提升教师的专业能力，从根本上来说，意味着教师要走专业发展的道路，不断修炼专业技能与专业伦理。教师的专业发展，使得教师能逐渐接近或实现教育梦想，这是教师职业幸福的重要条件。

> 一个精神丰富、道德高尚、智力突出的教师，才能尊重和陶冶自己的学生的个性，而一个无任何个性特色的教师，他培养的学生也难有任何特色，他只能造成精神的贫乏。
>
> ——苏霍姆林斯基

拓展阅读

作为反思性实践家的教师

日本教师形象划分为——"作为公仆的教师""作为劳动者的教师""作为技术熟练者的教师""作为反思性实践家的教师"。

"作为反思性实践家的教师"是抵抗"技术熟练者教师"的文化而形成的教师形象。这种教师形象把教师工作界定为高度专业化的职业，它不是依据科学知识，而是求之于通过实践情境的省察与反思而形成的实践性见解与学识。这种教师形象也抵抗官僚性制度化，注重民主自律性，构筑同学生、家长、同事及其他专家之间的合作关系，创造性地直面单靠科学技术不能解决的问题。[①]

所以，教师职业幸福把握在每个教师自己手上。保持积极乐观的心态，心怀教育之梦，修炼专业能力去实现或接近梦想，教师才能享有职业的幸福。

---

① [日]佐藤学.课程与教师[M].钟启泉，译.北京：教育科学出版社，2003：262，264.

温暖的力量：做一名普通但幸福的教师

李镇西老师曾讲述了一个发生在他的朋友身上的真实故事：

我有一个非常好的朋友，她是成都市非常有名的语文老师，三十多岁，一位女教师，上课上得特别棒，很多学生到那个学校去就想听她的课，她是一个普通的教师。

去年10月份听说她被提为成都市教育局副局长，很多人向她祝贺。我当时也想跟她打个电话，因为忙就没有打。后来听说她腿摔断了，在家里养伤。一晃几个月过去了。

今年元旦，我们搞了个聚会，她没来。她学校的校长来了，我就问："杨老师现在去当局长了？"他说："没有，还在我们学校。""怎么回事？"他说："她不去呀。"

大家都非常惊讶。当然，我这种惊讶带着世俗的眼光。后来我给她打了个电话，电话里聊了很久。杨老师不是那么特别善于张扬，很朴实的一个人。后来我一下子就理解她了，她说，她只觉得做老师是最幸福的。很多人觉得她傻，多少人梦寐以求要当这个副局长。她说："我用尽了所有的关系去找领导谈，说服领导让我回到学校，就做一名普通的老师，无私奉献。"后来我说："杨老师，你既不傻也不高尚。你只是忠实于自己的心灵，实践着体验着自己的幸福观,仅此而已。"我没这个当副局长的机会,我没有推辞过,但我理解她,这叫做幸福。①

---

① 朱锦飞. 李镇西老师《提醒幸福》教学实录［OL］. 道客巴巴,［2016-4-21］. http://www.doc88.com/p-142802034854. html.

专题二 爱无差等
——中学教师的教育公正

被遗忘的学生

布置完学生的课堂练习,柯老师站在讲台上,看着趴在桌子上酣然入睡的几个学生,心里无奈地叹了一口气。在讲课的过程中,这几个学生一直在睡觉。但只要他们不影响同学们上课,柯老师就不想花时间去管他们。

柯老师是某初级中学的一位数学老师。在教学的同时还担任班主任工作。学校每个班的学生人数有六十多人。由于近年学校招收了大量择校生,故班里学生的学习水平参差不齐,程度最低的连小学毕业的水平都达不到。如何在教学时兼顾到各个层次的学生?这一直是柯老师感到非常棘手的问题。柯老师的教学任务非常繁重,每周要担负18个课时的教学任务。客观上她很难抽出更多的时间、有更多的精力给这些学生补课;同时,现在学校之间的竞争非常激烈。学校要生存,要发展,就要千方百计提高自己的升学率。不管人们如何诟病,在唯文凭是举的东方社会里,升学率是一个学校生存发展的关键。在这个竞争的时代里,柯老师和她的同事们都感觉到了扑面而来的危机感。发展才是硬道理。为了生存,为了发展,柯老师和她的同事们常常是超负荷地工作。必须赶在时间的前头!为了有更多的时间进行复习,柯老师们常常要加快教学进度。在这种情况下,柯老师很难把更多的时间和精力花在指导学习水平最低的学生身上。虽然,出于一个老师的责任感,柯老师还是尽可能指导他们的学习。但由于差距实在太大,成功的希望实在太过渺茫，这几个学生早已失去了学习的兴趣与热情，故柯老师的努力收效甚微。于是在上课过程中经常出现听不懂的学生在聊天的现象。柯老师不得不经常花时间来维持课堂秩序，而这又影响了教学的效果与进度。柯老师很烦恼，同学们意见也很大，但柯老师也知道，要求这些听不懂的学生每天静静地在课堂上坐上几个小时也不可能。思虑再三，最后柯老师不得不采取某些妥协。柯老师与这几个学生约定：只要他们不影响大家上课，他们在课堂上做什么都可以，并且把他们的座位调到教室后面。这几个学生看上去很高兴地答应了：免去枯坐的痛苦，这正是他们所希望的。

于是，从此之后，课堂上就出现了这样一幅有趣的景象——柯老师与其他学生在认真地上课，而这几个学生则在做着他们喜欢的事：看小说、漫画，或者干脆趴在桌子上酣然入睡。大家似乎井水不犯河水，各得其所。

又一节课。布置完作业，柯老师看着教室后面那几个自得其乐的学生，心里不无愧疚地想：幸好学校最后还是会让他们顺利毕业的。想到这，柯老师沉重的心似乎轻松了一些。[1]

上面这个案例反映了当前中学教育的现实问题和教师在解决这些问题时遇到的困难。教学的现实是，柯老师需要完成繁重的教学任务，面对学生考试、升学带来的压力，而学生的学习能力和学习兴趣、学习主动性有差别。比如课堂上有认真听讲的学生，有做各种小动作的学生；有学习接受很快的学生，也有难以提高的学生。柯老师在解决这些现实问题时，十分苦恼，不知该怎么办。她超负荷工作，花更多的时间来解决学困生的学习难题，挤占课堂教学时间用于维持课堂纪律，但她的这些措施都收效甚微。最终她采取了"井水不犯河水"的解决策略，专注于学习努力的学生，而放弃了这些学

---

[1] 余维武. 课堂教学中的教育公平问题——对一个课堂教学案例的分析[J]. 上海教育科研，2007(2).

困生。这就是柯老师遇到的教育现实和解决现实问题的方法，很多教师都有和柯老师类似的经历，采取了相似的解决办法。这样的方法看起来是在现有情况下较好地解决了问题，提高了课堂教学的效率，不影响那些有学习积极性和学习能力的学生的学习。但是，这种处理方法是不是就是正当的？这就值得我们深思。不爱学习的学生，就必须被放弃，以便为爱学习的学生提供良好的课堂环境？不爱学习的学生，是先天就不爱学习，还是教育制度、教师的教育理念和方法造成了他们对学习的放弃？其实，从案例中可以看出，对不爱学习的学生的放任自由，柯老师自身也有担忧和愧疚。这种担忧和愧疚，很多采取同样的解决问题的办法的教师也会有。这种担忧和愧疚，从本质上来看，其实反映了教师为教育公正问题所困扰。在课堂上，抓好不爱学习的学生的纪律问题，帮助这些学生解决学习困难，显然会挤占那些爱学习的学生的时间，因此，这种教学方式对于学习积极主动的学生，显得不够公平；另一方面，以那些学习积极主动的学生的接受能力和学习进度来教学，有利于这部分学生的提高，但那些学习存在困难的学生，可能跟不上进度而逐渐成为学习的失败者，那么，这样一种照顾优秀学生的教学方式，似乎对学困生显得不够公平。每个班级内的学生都是多元的，学生的学习能力、学习兴趣都不一样，很难寻找到一种兼顾所有学生的办法，这就是柯老师在纠结之后采取了一种不得已的办法的原因。到底什么样的解决方法才是更合理的？这需要我们深入思考什么是教育公正，是什么原因影响教师的教育公正，怎么做到教育公正。

有差别的爱

教师对待学生的不公正表现在许多方面。比如，课堂上对有的学生的学习情况特别关照，对有的学生的学习情况不理不睬；学生的课堂参与机会分配失衡，有的学生经常被老师点到回答问题或者参与课堂活动，有的学生却很少获得这样的参与机会；在编排座位的时候，教师根据学生的成绩，或者学生家长的委托，为一部分学生安排较好的座位，学习成绩不好的学生的座位较差，而调皮捣蛋的学生往往被安排在班级的角落中；对犯了错误的学生，老师

> 生活使人们确信，如果幼小的孩子得不到机会恢复对善良和公正的信念，他永远也不可能在自身产生人的感觉，永远也不可能体验到个人尊严的感情。这样的被教育者进入少年期会变成怨恨一切的人，对他来说，生活中不存在任何神圣和高尚的东西，教师的话语到不了他的心灵深处。
> ——苏霍姆林斯基

对好学生批评少，对差学生批评多……教师对待学生不公正对学生产生的消极影响主要有：在学业上，教师的不公正可能会导致一部分学习积极性不高的学生放弃学业，自暴自弃（如前文的案例中，被柯老师放弃的学生，在课堂上看小说、看漫画、睡觉，看起来似乎自得其乐，这部分学生由于教师的做法，彻底放弃了学习）；在学生情绪情感发展上，受到教师不公正对待的学生，会有不悦、抱怨，自尊心和进取心受到挫伤，逐渐产生消极情绪，对教师有抵触心理，对他人、对社会产生冷漠感；教师的不公正也影响学生的处事方式，受到不公正对待的学生，今后也容易采取不公正的处事方式。

为何差别对待

当前社会环境、教育压力以及教师个人素质是影响教师的教育公正的主要原因。社会生活中公正一定程度和一定范围的缺失，影响着学校环境，导致学校教育中对公正的忽视。家长为争取优质教育资源，为了给孩子争取更多的得到教师关照的机会，会采取种种措施"拉拢"教师。有的家长给教师送钱或其他礼物，有的家长通过职务与行政地位向学校管理者或教师施加压力，以获得教师对自己的孩子的特殊关照。部分教师屈从于物质利益的诱惑或行政压力，在教育活动中，对学生采取不同的对待方式，造成了教育不公正。以下这个案例就反映了当前社会不良环境对教育公正的影响。

学生座位也卖"人情"

最近，某市不少学生家长向记者反映，孩子在小学时一直是座位轮换，可现在的中学凭"关系"排位的现象十分普遍。

今年考入某中学读初一的庞越（化名）身高1.65米，班主任把他排在了第9排，也就是最后一排。庞越的父亲对此颇有怨言。他说：因为没有实施轮换制，座位分配权就在老师手里，这样，出现了一些"人情座位"，有钱有势的父母就往学校领导、班主任身上"砸钱"。

在一个教室里听课，从视觉、听觉效果来说，总有一些"黄金座位"。

一般来说,"黄金座位"是在中间的前排。

成都市草堂小学副校长付锦说,国外较早注意到学生座位的公平问题,有的采取圆桌式教学,一般就两三个圈层。我国学校学生人数太多,目前难以做到,但是我们应尽量保证每个学生受教育的平等权。

(《新华每日电讯》,2006年10月31日)

教育的压力也是影响教师公正的重要因素。最显而易见的、最大的压力之一就是升学率的压力。在倡导素质教育的今天,应试教育的压力仍然没有散去。升学率其实是一种功利主义的教育追求。社会、家长评价一所学校的很重要的标准就是升学率。这是由于其他的衡量指标比较内隐,难以量化,而家长也更关注孩子在学校的学业成绩。相对于小学、大学教师,中学教师所面对的升学率的压力更大,初中升高中、高中升大学的升学率,成为教师工作的紧箍咒。为了提高升学率,为了能有学生升入优秀的高中或大学,教师不得不专注于学习成绩优良的学生,而较少关注那些成绩看起来似乎永远处于班级末尾的学生。在本专题开篇提到的柯老师的案例中,班级中有一些扰乱课堂纪律、不认真听讲而且学习成绩不好的学生,怎么对他们进行教育,柯老师有过探索,想给予他们更多的帮助,然而,在升学压力面前,最终柯老师选择了放弃这部分学生,以便保证学习上进的学生的学习效率。类似柯老师这样,以放弃一部分学生为代价,以保证另一部分学生的学习,最终达到提高升学率的目的的老师不在少数。面对升学率的压力带来的不公正,我们不能一味地苛责教师。我们需要反省教育制度,为教师公正创造更好的社会环境。

除了外部原因外,教师个人的素质也会影响教育公正,因为外因总是要通过内因起作用。前面提到的不公正的社会环境、升学率的压力等,都是外部原因,面对这些外部因素,教师是否屈从于外部的压力而采取不公正的教育方式，取决于教师个人的素质。缺乏自己所坚持的教育理念，容易受到物质利益诱惑的教师，教育不公正的行为偏多。教育理念先进，能够抵挡诱惑和压力的教师，会努力探索教育中公正问题的解决方案。来自权利、关系、功利等方面的力量考验着教师的师德。学校应为一方净土，社会的恶习不应在这里滋生。此外，还有一些教师根据个人的喜好进行教学，一些教师对自己的行为已经偏离了公正原则而不察觉，等等，都是造成不公正的主观原因。因此，提高教师素质才是促进教育公正实现的关键因素。

教育需要公正

要公正地对待学生，需要教师真正明白什么是公正。教师的教育公正，指的是教师在处理各种关系时，做到公平和正义。教师需要处理与学校领导、同事、家长、学生的关系。所以教师的教育公正会体现在教师学校生活的方方面面。在本文中，主要探讨教师在教育学生，处理师生关系时的教育公正问题，简言之就是教师公正对待学生。公平，就是不承认特权，平等地对待学生；正义，就是教师在对待学生时，可能会有一些不平等，而这些不平等有一定的价值取向，使得教育行为朝向"善"，朝向有助于学生成长的角度。公平体现的是规则，正义体现的是善的原则。公正就是符合善待原则下的公平。所以，教师对待学生的公正，不是一般意义上的平等、均等，而是朝向"善"的公平。教师应对学生持民主与尊重的态度，对不同性别、年龄、出身、智力、个性、相貌以及关系密切程度不同的学生能够做到一视同仁、同等对待，不以个人的私利和好恶为标准。

从社会背景来看，公正是人类社会永恒的价值追求，

> 正义是社会制度的首要价值，正像真理是思想体系的首要价值一样。
> ——罗尔斯

教育公正是社会公正的重要组成部分。社会公正的实现，依靠的是社会的各个组成结构的公正的实现。所以在教育领域也需要不断地追求公正。而同时，教育公正也是实现社会公正的重要途径。学校是雏形的社会，按照杜威的观点"学校即社会"。学校中的公正，有利于培养学生的公正品格，有利于学生对于社会公正的认知，通过教育培养的人才，是服务于社会的人才，这样的人才具有公正的品格，将从实质上推动社会公正的实现。学校教育活动的主要开展者是教师，教师将各种理念内化，并将之贯彻于教育教学中。所以，教育公正的实现，从最直接的角度看，依赖于教师对待学生的公正。

从教育本身来看，教师为什么需要公正，和教育的本质有关。教育是培养人的活动，教育所要培养的是具有善的人格的人。所以，教育的本质是向善的，是教人从善。教师如果在教育活动中不能公正对待学生，就偏离了教育的善的本质。只有公正对待学生，使学生在教育活动中体会到被尊重与被信任，帮助每个学生按照各自的特点得到最大发展，才是善的教育。

从教师的角度来看，教师公正具有示范作用，它有助于树立教师的威信和良好形象。学生具有"向师性"的特点，他们会关注教师的言行是否一致，言行举止是否符合教师职业要求。教师的言行就是学生参照的榜样，教师对学生的影响是最直接的。一名教师如果是公正的，那么公正的德性会表现在教师的言行举止中。学生通过与教师交往，感受到教师的公正德性，并且从教师的公正的行为中获得成长。公正的教师会得到学生的认可和欣赏，教师的权威在不知不觉中树立并得到加强。不公正的教师，给学生所树立的是消极的榜样，而且教师的行为不能得到学生的认可，教师的教育效果将大打折扣。

从学生的角度看，教师的教育公正将有利于提高学生学习积极性。学生学习积极性会受到教师的教育方法和态度的影响。教师在教育过程中如果有偏袒，受到忽视的学生，学习积极性会逐渐下降。正如本专题开篇的案例中，柯老师放弃了一部分上课不认真的学生，而这部分学生也自得其乐地看小说、看漫画、睡觉。这些学生并不一定永远学习都不认真，而是教师的不公正行为，使得这些学生的不爱学习的行为得以继续加强，形成了恶性循环。教师公正地对待学生，使学生感受到教师的关爱，会从很大程度上提高学生学习积极性。

除了学业方面，教师公正对学生的公正德性的养成也有很大的作用，学生公正品质的养成有助于促进社会公正的实现。教师公正有助于学生认识到什么是公正，尤其是学生感受到公正以后，能体会到对待他人要公正，公正是人与人相处的原则，是值得追求的道德品质，这就增进了对公正的认知和情感体验。学生在感受到公正后，也会把践行公正作为自己的追求，在日常生活中要求自己，提高自己的践行公正能力。所以，教师公正对待学生，对学生的道德心灵成长和健康人格的塑造会产生有益的影响，这一影响关乎学生的终身发展。通过学校教育培养的学生，今后成为社会的成员，他们的公正品质，对于促进社会公正有重要意义。

我们从教育活动的各个方面可以看出教师公正的重要性，而我国的相关教育法规也对教师的公正作出了一定的规约。《中小学教师职业道德规范》(2008年修订)第三条规定："关心爱护全体学生，尊重学生人格，平等公正对待学生。"1995年颁布的《教育法》第42条，具体规定了受教育者享有的权利，其中规定受教育者享有"在学业成绩和品行上获得公正评价"的权利。因此，教师的教育公正，不仅仅是教育职业本身内在的要求，也受教育法律法规的规约。教师要提升自己的教育能力，做一名公正的教师。

做一名公正的教师

怎样做一名公正的教师，先秦的思想家早就有过相关的论述，并表现在他们的教育行为中。教育家孔子主张"有教无类"。针对当时教育只是贵族阶层才能享受的，孔子首开平民教育的先河，主张有教无类，无分贵族与平民，不能因为贫富、贵贱、智愚、善恶等差别把一些人排斥在教育之外，只要有心向学，都可以入学受教。孔子在教育实践中也践行着他的"有教无类"的主张，他的三千弟子来自鲁、齐、晋、宋、陈、蔡、秦、楚等国，这不仅打破了当时的国界，也打破了当时的夷夏之分；弟子有来自贵族阶层的，也有很多来自平民家庭。此外，墨家的伦理思想主张"爱无差等"，主张不分远近、亲疏、贵贱地爱一切人，这是墨子"兼爱"思想的具体体现。先贤的思想，对我们今天如何做一名公正的教师有启发意义。

做公正的教师，首先需要教师做到"爱无差等"，给所有学生提供平等的学习机会。教师不能从自己的私利和好恶角度出发处理师生关系。一个最为常见的现象是，教师往往出于虚荣

> 所谓公正，就是尊重与严格要求相结合。在学校生活中，没有也不可能有抽象的公正。教育上的公正，意味着教师要有足够的精神力量去关心每一个儿童。
>
> ——苏霍姆林斯基

或其他利害有意无意偏爱一些学业成绩好的学生，而相对歧视或忽视一些成绩差的学生。教师在对学生作出评价的时候，往往会有"晕轮效应"，自己喜好的学生，各方面都认为是好的，即使有缺点和错误也不在意，而自己不喜好的学生，各方面都认为是不好的，即使有优点和长处也不注意。教师的这种不公正，有的是有意识的，有的是无意识的。有意的不公正当然属于明显的师德缺陷，无意的不公正也是应当注意防范的。前文也提到了，教师受到各种因素的影响，尤其是功利主义的教育追求，导致教师在公正教育方面力不从心。但又如我们常说的，内因才是个体行为的根本驱动力。教师要努力破除外部影响做到教育公正。比如，在教育资源分配方面，公正地分配自己所拥有或所掌握的教育资源——有形的资源，如为学生提供相同的机会（班级职务的担任、上课发言机会）、学习资源（座位编排）；无形的资源，如对学生的情感、态度、期待，公正的评价等。教师对学生积极的情感，对学生发展会有正面促进作用。所以，作为教师不能因为功利主义的教育环境，而否定了教师在教育公正方面的作为。教师从细节做起，在自己所能做到的领域践行教育公正，才能推动教育公正一步步在更大范围内得到实现。

做公正的教师，需要教师"因材施教"，会"偏爱"但不"偏心"，以足够的精神力量去关心每一个儿童。世界上没有两片完全相同的叶子，人也一样，没有完全相同的人。学校的众多学生都是个性迥异的，学生之间的差异不可避免地存在，如果绝对地对不同的学生平等分配发展资源、机会、条件等，实际上有可能导致更加不平等。因为，同样的发展资源、机会、条件等对于发展程度有差异的学生而言，其教育意义是完全不同的。比如，教师的夸奖或表扬，对于一些优等生而言，习以为常，也许不会多珍视；但是对于一些被贴上了"差生"的标签的学生而言，教师的不经意的表扬，也许他们视若珍宝。所以，教师的相同的行为对不同的学生有不同的意义，教师不能对所有学生采取完全相同的教育方式，这也就是我们所说的"因材施教"。教师要将学生看作人，看作发展中的人、存在差异的人。在教师公正中，平等原则的基点不是学生发展资源的平均分配，而是针对不同发展程度的学生，发展资源的分配就应该采取不平等的分配方式，应该向发展程度不足和能力较弱的学生倾斜，以保证他们能够达到社会所要求的发展水平。这也就是我们所说的，教师可以有"偏爱"，偏爱那些在一定程度上弱势的学生，但教师不能"偏心"，即不能根据个人喜好来做出不公平的资源分配。对弱势学生的"偏爱"符合公正原则的本质，它是朝向善的公平。当然，教师在教育教学中采取不平等的资源分配方式来达到事实的公正是有范围限制的，只有在学生基本发展的范围内，而且在不损害其他学生基本发展的前提下，这样的不平等实质上才是公正的。下面这个故事可以给我们更多的启示。

教师的启示

许多年前，汤普逊老师对着她五年级的学生们撒了一个谎，说她会平等地爱每个孩子！但这是不可能的，因为前排坐着泰迪·史塔特——一个邋遢、上课不专心的小男孩，事实上，汤普逊老师很喜欢用粗红笔在泰迪的考卷上画大大的叉，然后在最上排写个"不及格"！

某一天，汤普逊老师检视每个学生以前的学习纪录表，她意外地发现泰迪之前的老师给的评语十分惊人。

一年级老师写道："泰迪是个聪明的孩子，永远面带笑容，他的作业很整洁、很有礼貌，他让周遭的人很快乐！"

二年级老师说："泰迪很优秀，很受同学欢迎，但他的母亲罹患了绝症，他很担心，家里生活一定不好过！"

三年级老师:"母亲过世泰迪一定不好过,他很努力表现但父亲总不在意,若再没有改善,他的家庭生活将严重打击泰迪。"

四年级老师:"泰迪开始退缩,对课业提不起兴趣,没有什么朋友,有时在课堂上睡觉。"

直到现在,汤普逊老师才了解泰迪的困难,她深感羞愧。而当她收到泰迪送的圣诞礼物,她更觉得难过。别人的礼物用缎带及包装纸装饰得漂漂亮亮,泰迪送的礼物却是用杂货店的牛皮纸袋捆起来的……汤普逊老师忍着心酸,当着全班的面拆开泰迪的礼物,有的孩子开始嘲笑泰迪送的圣诞礼物:一条假钻手环,上面还缺了几颗宝石,另外是一瓶只剩四分之一的香水。但是汤普逊老师不但惊呼漂亮,还带上手环,并喷了一些香水在手腕上,其他小朋友全愣住了。放学后泰迪留下来对汤普逊老师说:"老师,你今天闻起来好像我妈咪喔!"一等泰迪回家,汤普逊老师整整哭了一个小时,就在那一天,她不再教"书"——不教阅读、不教写作、不教数学,相反地,她开始"教育孩童"!

汤普逊老师开始特别关注泰迪,而泰迪的心似乎重新活了过来,汤普逊老师越鼓励泰迪,泰迪的反应越快。到了学年尾声,泰迪已经成为班上最聪明的孩子之一。虽然汤普逊老师说过她会平等地爱每一个孩子,但泰迪却是她最喜欢的学生。

一年后,汤普逊老师在门边发现一张纸条,是泰迪写的,上面说,汤普逊老师是他一生遇到的最棒的老师!

六年过去了,汤普逊老师又发现另一张泰迪写的纸条,泰迪已经高中毕业,成绩全班第三名,而汤普逊老师仍是他一生遇到的最棒的老师!

四年后,汤普逊老师又收到一封信,泰迪说有时候学校生活并不顺利,但他仍坚持下去,而不久的将来他将获得荣誉学位毕业!他再一次告诉汤普逊老师，她仍是他这一辈子遇到的最棒的老师！

四年过去，又来了一封信。信里面告诉汤普逊老师，泰迪大学毕业后决定继续攻读更高学位，他也不忘再说一次，汤普逊老师还是他这一生遇到的最棒的老师。而这封信的结尾多了几个字："泰迪·史塔特博士"。

故事还没结束呢！你瞧！该年春天又来了一封信，泰迪说他遇到生命中的女孩，马上要结婚了，泰迪解释说他的父亲几年前过世了，他希望汤普逊老师可以参加他的婚礼并坐上属于新郎"母亲"的位置。汤普逊老师完成了泰迪的心愿。但你知道吗，汤普逊老师竟然戴着当年泰迪送的假钻手环，还喷了同一瓶香水，是泰迪母亲过世前的最后一个圣诞节用过的香水。

他们互相拥抱，泰迪悄悄在耳边告诉汤普逊老师："汤普逊老师，谢谢你相信我，谢谢你让我觉得自己很重要，让我相信我有能力去改变！"

汤普逊老师热泪满盈地告诉泰迪："泰迪，你错了！是你教导我、让我相信我有能力去改变，一直到遇见你，我才知道该怎么教书。"

从这个故事可以看出，汤普逊老师声称她会平等地爱每一个学生，但显然，最开始她并不喜欢泰迪。随着他对泰迪了解的加深，她开始"偏爱"泰迪，给予泰迪更多的爱。由于老师的爱和关怀，泰迪成长为非常优秀的学生。这个故事也可以给教师们更多的启示，教师的教育公正，是向善原则下的公平。教师需要把握每个学生的特点，给予每个学生所需要的关怀和帮助，促进学生的发展。

温暖的力量：没有永远坐在最后一排的人

作家乔叶讲述了她成长中的故事：

上学时，我一直是个非常自卑的女孩子。因为丑，因为笨，因为脾气倔强性格孤僻，每次调座位，老师都把我安排到最后两排。

坐在最后一排的几乎都是调皮的男同学，我和他们无话可说。想要听课却又看不清讲台上的板书。所以每次上课，只是用眼睛呆滞地盯着黑板，做一些毫无意义的遐想——我从小就是个脑袋里充满怪念头的人。比如说：梅花为什么叫梅花？梅花为什么开在冬天？我能不能变成一朵梅花？我若是梅花，会是白梅还是红梅？

这样滥竽充数地混了半个学期。班主任调走了。接任的是个年轻的女教师。她红衬衣白裙子，齐耳短发，模样甜甜的。

"我叫白明，倒着读就是'明白'，也就是说对每个同学的情况我都能知道得明明白白。"她微笑着自我介绍。

我不屑地瞧着她。她真有那么大神通？她会知道我是近视眼吗？她会知道我不想坐在最后一排却又倔着性子坐最后一排吗？她会知道……

没想到过了几天，她竟真的注意到了我。

那天语文自习课上，同学们都在做练习册，我也打开练习册假装做起来。其实我除了做些造句、看图作文之类适合我胡乱发挥的题目外，其他的根本懒得做。正噙着笔胡思乱想，一只手伸过来抽走了我的练习册，我一惊，这才发现白老师已经站在我身后。

"小脑瓜想什么呢？"她亲切地弹了弹我的脑壳。从未享受过如此"礼遇"的我禁不住心头一暖，但还是老老实实地趴在桌上，胆怯地听着她翻阅练习册的声音。

过了世界上最漫长也最短暂的几分钟。我畏惧地等待着习惯的雷霆暴怒，却惊奇地听见她轻柔的笑声。

"这些句子都是你自己造的吗？"

"嗯。"

"非常好，很有想象力。'花骨朵儿们在树枝上聚精会神地倾听春天'，多有灵性啊。可你为什么不说'倾听春天的脚步'呢"？

"有时候春天来是没有脚步的，是披着绿纱乘着风来的。"第一次受到如此嘉奖，我顿时大胆起来。

她没有说话，轻轻地拍了拍我的头，走上了讲台，以我的练习册为范本讲起了造句。那半个小时的时光是我上学以来第一次感觉快乐和幸福的时刻。我想我当时肯定有些眩晕和迷醉了。直到下课后同学们纷纷向我借练习册时，我才如梦初醒，惊慌失措地把练习册塞进书包里——要是让同学们看见那上面大片大片的空白区，我该多丢人哪。

这天夜里，我把没做的题全部认认真真地补上了，通宵未眠。

以后的日子里，白老师特别注意查问我的练习册和作业本，关切地询问我其他课的成绩，还抽空给我讲一些浅显的文学知识。每当她带着清香的气息在我身后停下又带着那清香的气息悠然离去时，每当她弯下腰挨近我低低地和我说这说那时，我都感到从未有过的紧张、激动、惭愧和欢乐。我这才发现，我以往的愤愤不平和自暴自弃是多么无知和愚蠢。我的虚荣和脆弱让我受到的伤害是罪有应得。因为我从来就没能培养起受人尊重和宠爱的财富与可以引以为荣的值得骄傲的资本！——我这样的学生，其实只配坐最后一排。

在我笨拙勤恳的努力下，我的各科成绩竟然很快进步起来。可由于眼睛近视看不清板书，便也给学习造成了一些不大不小的障碍。但我没有告诉白老师，我问自己：你有什么资格向老师提要求？

一天，她来到班里旁听数学课，因为没有课本，便和我坐在一起合看。等到课堂练习时，她便看我做题。

"这是7，不是1……这是8，不是3……"她轻声纠正着，"怎么抄错这么多？你近视？"

我没有说话，眼泪竟大滴大滴落下来。

第二天，她在班上宣布下周要进行语文测试，并郑重声明"前五名有奖"。有奖当然令人兴奋，同学们暗地里都紧张地忙碌起来。一向对考试毫不在意的我也禁不住跃跃欲试，积极地忙碌起来——应当是不能得奖，最起码也要考得比以前好点儿啊。

公布成绩那天终于来了。白老师讲完试卷，最后才公布分数："第一名：乔小叶……"

天哪，我是第一名！

我被震住了。

"这次考试，同学们的成绩普遍不错，有个别同学进步很大，比如乔小叶，她坐在最后一排，眼睛还近视，可她不怕困难努力进取，终于取得了优异的成绩。我不但要奖给她前五名应得的奖品，同时还要再给她一份特别奖励。张亚娟、姜春霞、陈庆龙、李明玉……你们几个站起来换一下座位，乔小叶！"

我站起来。

"这是你的位置。"她指着第一排中间的座位,"你今后就坐在这里。"

我懵懵懂懂地在那里坐下来。

"希望同学们向小叶学习。要知道,这世界上有最后一排的座位,但不会有永远坐在最后一排的人。"

我的热泪汹涌而出。

这件事已经过去多年了,这许多年里我淡忘了很多人和事,但那最后一排的位置和白老师的笑容至今仍历历在目,刻骨铭心。我知道永远也不会忘记她,不会忘记这样一个把我的生命与灵魂引向另一种暖度、亮度与高度的亲爱的人。

专题三 别样的爱
——中学教师的惩戒之道

一块打碎的玻璃

日本著名的文化人类学学者高桥敷先生曾与一对美国夫妇做邻居。这对美国夫妇有一个很可爱的小男孩，很爱运动，常常在他们家门前的草坪上踢球。

有一天，高桥敷先生讲学去了，那个小男孩在踢球时不小心把高桥敷先生家的一块花玻璃打破了。高桥敷先生回来后，知道了这件事，以为那对美国夫妇一定会登门道歉的。于是他就坐在家里等着那对美国夫妇，可是等了好久，那对美国夫妇根本就没有出现。高桥敷先生以为那对夫妇可能还不知道这件事，心想小孩子淘气又不是故意把玻璃打碎的，就把这件事给淡忘了。

谁知过了几天，那个小男孩子竟然拿着一块和他家门上一模一样的花玻璃来到高桥敷先生的家里，很认真很诚恳地对高桥敷先生说："对不起先生，那天我踢球把您的玻璃给打碎了，因为那时卖玻璃的店铺已经关门了，所以今天店铺一开门我就买了这块玻璃给您送来了，真是对不起！请您一定要收下它，也请你原谅我的过错。以后我一定注意，再不会打碎您的玻璃了。"看到小男孩这么懂事，高桥敷先生不但没有责怪这个小男孩，反而更喜欢这个诚实的小男孩了，他把小男孩请进屋里，还请他在自己的家里吃了饭，最后在小男孩临走时又送了一袋日本的糖果给他。

可是当孩子拿着那袋糖果回家后的不长时间,那对美国夫妇却来到了高桥敷先生的家里,手里拿着那袋还有没开过封的糖果。高桥敷先生有些愣住了,不知道这对夫妇是什么用意,他有些疑惑地看着这对美国夫妇。男孩子的父母看到高桥敷先生那疑惑的样子赶紧解释说:"不是不接受您送的礼物,只是孩子闯了祸本应该受罚的,如今您给了他糖果,会让他觉得他没有做错,反而会认为糖果是奖励他的,这不仅不能帮助他改正错误而且让他不会记住做错事的教训,所以我们把糖果给您送来了,同时也谢谢您对孩子的大度和喜欢!"高桥敷先生这才放下了一颗悬着的心,同时也表示自己很赞赏美国夫妇的做法。

他把这对美国夫妇请进房里,对于这次男孩子打碎玻璃的事,这对美国夫妇这样解释的:当时他们不露面是想让孩子自己解决这件错事,让他自己承担这件错事的后果。而且为了赔偿高桥敷先生家的玻璃,男孩子花光了自己所有的积蓄,可是还不够,他只得向父母预支他的零花钱,以后再找合适的机会挣回来还给他的父母,比如给邻居送牛奶或是送报纸什么的。父母借他的钱他必须还的,这不是对孩子苛刻,只是想让孩子明白自己的过失要付出代价的,只有付出这种代价之后,他才能接受这个宝贵的人生教训。[①]

小男孩不小心打碎了玻璃,原本是件很简单的事情,但对于这件事情的处理,案例中的高桥敷和美国夫妇采取了不同的处理方法。对于小男孩的主动认错和赔偿,高桥敷表示出赞赏,请小男孩吃饭,送糖果作为对小男孩的肯定和奖赏。对于高桥敷的行为,美国夫妇不理解,并且认为他的做法不是对孩子的恰当的教育方式,他们主张让孩子自己承担行为的后果,犯了错误应当受到惩罚,而且需要通过自己的行动去弥补行为的不良后果。孩子在这

---

① 尹成荣. 一块打碎的玻璃[OL]. 新浪博客,[2016-04-21]. http://blog.sina.com.cn/s/blog_611d018-b01017csn.html.

个过程中，学会了要对自己的行为负责，通过承担行为的后果改正错事，从错事中吸取教训。高桥敷和美国夫妇对待孩子错误行为的教育方式，可以被归纳为是奖赏和惩罚的方式。正如案例中所说的，美国夫妇认为，对孩子的错误行为，惩罚的方式才能使孩子改正错误，记住做错事带来的教训。然而，在学校教育中，如同高桥敷那样对学生进行表扬、鼓励的教师不在少数。这个案例引发我们思考，在学校教育中，"赏"与"罚"发挥了什么作用？对待学生的错误行为，究竟能不能用惩罚？如果可以用惩罚，为什么许多教师"谈罚色变"？

惩罚的是与非

在教育理念不断更新的今天，人们越来越注重学生的权利，尊重学生的个性发展，提倡多赏识学生，对学生进行表扬。惩罚被许多人认为是负面的手段而受到越来越多的批评。惩罚就必然会对学生身心带来伤害吗？这需要我们思考惩罚对学生究竟会产生什么影响。从人的通常反应来看，大多数人都是喜欢被表扬，不喜欢被惩罚。惩罚确实会使人心理产生不愉快的感受。受到惩罚时，中学生的心理感受通常有难过、害羞、害怕、生气、愤怒、失去学习兴趣、失去自信等。惩罚作为一种负面的手段，大多数情况下会使人产生一些消极的情绪和感受，这是必然的。产生这些消极的情绪和感受，并不意味着我们就要否定惩罚的意义。对于学生的成长而言，不是只有表扬、赏识会促进学生积极发展，惩罚也能对学生成长产生有益作用。当然，不是所有的惩罚都对学生成长有益，比如惩罚使得学生自尊受到严重损害，使学生对学

> 谁耽误了时间，谁就没有资格享受；谁不节制，谁就得到苦药；谁讲话，谁就被逐出教室，到那种每个人都听不到他讲话的地方。这种惩罚可以起到使人吃一堑长一智的作用。在这方面作用大小往往是无法预料的，但无论如何可以给人留下有益的回忆。
>
> ——赫尔巴特

习失去兴趣而产生厌学情绪，使学生极度消极悲观等等，这样的惩罚是我们所不主张的。所以，对于教育活动中是否可以使用惩罚，有人赞同，有人反对。惩罚的"是"和"非"，不能简单下判断。惩罚会使学生产生消极情绪，但惩罚是不是能对学生成长起到积极促进作用，这要看教师采用了什么惩罚手段，怎样使用惩罚方式教育学生。比如前文例子中的美国夫妇，就是采用惩罚的方式，让孩子自己承担行为的不良后果，并且认为面对孩子的错误行为，如果还施加表扬，显然不利于孩子认识错误吸取教训。

为何"谈罚色变"

完整的教育，是既有赏识，也有惩罚的教育。从教育活动产生以来，惩罚就是相伴左右的一种教育手段。古代斯巴达的军事化教育方式，是一种严酷惩罚教育的代名词，当然这种严酷手段在今天看来是不值得提倡的。我国古代私塾教育中，"戒尺"是先生必备的"教具"；俗语说，"棍棒底下出孝子"。这反映了惩罚教育在我国有着较长的历史和比较深的现实基础。姑且先抛开对这些惩戒方式的合理性和正当性的讨论，我们可以看出，教育中的惩罚，历来是伴随教育而存在，而且在传统教育中具有重要地位。但是在今天，惩罚越来越受到质疑，教师使用惩罚手段越来越受到质疑。前文所提到的案例中，美国夫妇对孩子使用了惩罚的手段。我们可以看出，在家庭教育中，家长可以在法律法规的范围之内，对孩子采取恰当的惩罚方式而不受他人指责或干涉。但在学校教育中，教师如果对学生进行惩罚，会受到各种各样因素的干扰或影响，使得教师不敢惩罚，或者惩罚不能有效实施。不少教师"谈罚色变"，是什么原因导致教师陷入罚与不罚的困境呢？

当前教育大环境的变化导致教师不敢轻易惩罚学生。影响教育活动的大环境包括许多方面。第一，随着自由、人权意识深入人心，人们的教育理念逐渐发生变化，主张充分尊重学生的权利，保护学生的身心健康发展，提倡多对学生进行表扬，赏识学生。"赏识教育""快乐教育"拥有越来越多的

"市场"。由于惩罚在一定程度上会造成学生心理的不良感受，因此人们更多地主张对学生进行表扬而非惩罚。

第二，作为影响教育活动的最重要因素之一的家长，越来越关注孩子在学校的处境，生怕孩子在学校受到一丁点委屈，而且维权意识越来越强。在独子时代，家长对孩子倾注了许多的关心和爱护，而当孩子进入学校之后，家长仍然希望孩子能受到各种宠爱和关爱。许多教师越来越感受到，学生"打不得""骂不得"。这和我国传统的教育理念有出入。在传统教育中，以往的家长将孩子送到学校，甚至会提醒教师："孩子交给你了，你帮我们好好管教。"家长允许教师"批评、惩罚"，甚至体罚孩子，觉得教师这样是为了孩子好。当然，我们不主张对学生的体罚。与以往家长的传统教育理念不同，现在的家长对子女的呵护甚至于溺爱之情，投射到学校教育中，成为影响教师选择教育手段的重要影响因素。加之家长的维权意识越来越强，教师受到多方面的压力，不敢轻易使用惩罚手段。

宋肖（化名），在崇文区一所重点中学任教。她笑称自己的问题在于太较真，总和领导对着干。

"太较真"的宋肖曾因为"批评教育"的问题险些和校长发生冲突，因为班上有几个学生纪律性很差，学习也一直没有起色，宋肖就将他们的座位调到了第一排。

没想到，几天后的家长会上，校长公开道歉，并且暗示了宋肖这一处罚方法欠妥。

"开完会我就去找他理论，犯错就该惩戒，几十年都是这种方法，为什么现在家长一提意见就都要老师让步？"宋肖告诉记者，只要遇到家长因为孩子挨批而找到学校的问题，校领导往往采取息事宁人的态度，"因为害怕出事，家长现在维权意识高，学校要是不道歉，他们就告到区委，甚至告到市委，领导当然都要捂着，所以教师就得让步"。①

第三，教师的教育对象——学生，也在发生变化。在独子时代，学生受到祖辈父辈许多人的关爱，普遍缺乏挫折教育，有的学生听得进表扬却承受不了批评，有的学生受到教师的批评惩罚甚至就会轻生。除了这类"脆弱型"的学生，还有一种"暴力型"的学生。这些学生同样在家庭的溺爱之下，得不到所想要的，或者不顺心的时候，就会采取暴力来发泄情绪。面对教师的批评惩罚，这种学生敢和教师对着干。比如公然和教师"对骂"，在课堂上掀翻桌椅，甚至和教师拳脚相向等。也有媒体报道，由于教师惩罚了学生，学生掏出刀子把教师致残或致命。这类恶性的事件也时有发生。面对"脆弱型"和"暴力型"学生，教师不敢轻易使用惩罚的手段。

第四，当前的舆论环境造成人们对惩罚的误解，导致教师在使用惩罚手段时受到诸多压力。在信息化时代，媒体是人们接受信息的重要来源。各种媒体，如报纸、网络等，为了取得一定的新闻效果，往往会选择突出的、具有冲击力的新闻进行报道。我们往往在媒体上看到类似内容的新闻，如：教师不当惩罚造成对学生身心的严重伤害，教师的惩罚导致学生轻生，教师的惩罚导致师生之间激烈的冲突，等等。媒体报道把惩罚"妖魔化"，使得人们产生了对惩罚的偏见，人们更加注惩罚的负面效应，对惩罚的必要性和正当性产生了更多的质疑。社会舆论对于教师恰当使用惩罚手段带来了压力。

---

① 蒋文娟.教师"批评权"的中国式困局［OL］.腾讯网，［2016-04-21］.http://news.qq.com/a/20090914/000597_1.htm.

没有惩罚的教育是不完整的教育

尽管人们对于惩罚有许多非议，教师也不敢轻易对学生进行惩罚，但惩罚确实仍然存在于学校教育中，只不过惩罚的形式不一。这里以赏识为例来说明惩罚存在的必然性。例如，在赏识教育被突出强调的情况下，是不是赏识就不会有惩罚？非也。对一些学生的赏识，在一定程度上可以被视为是对没有受到赏识的学生的惩罚。如果说对全部学生都赏识是不是就不存在惩罚？对全部学生的赏识显然不够现实，且失去了赏识的价值，因为人人都获得了赏识，就如同于人人都没有受到赏识一样。

惩罚，在学校教育中必然存在。我们不能因为不当惩罚带来的负面效果而否定惩罚的积极意义。恰当的惩罚对于学生全面健康成长是有积极意义的。

> 合理的惩罚制度不仅是合法的，也是必要的。合理的惩罚有助于学生形成坚强的性格，能培养学生抵抗、战胜诱惑的能力。
> ——马卡连柯

恰当的惩罚有助于学生良好性格的形成。在主张尊重儿童的权利，给予儿童自由，多赏识和表扬的背景之下，深思这些理念与行动及其带来的变化可以发现，在一定程度上存在矫枉过正的现象。例如，有学生不能承受挫折，听不得批评；也有学生行为张扬跋扈，个性嚣张。单一的赏识与正面教育为主的教育手段，容易造成学生个性的缺陷。恰当的惩罚，能使学生明白生活不是永远只有表扬和鲜花，学会承受挫折，形成坚强性格。恰当的惩罚，也会使学生懂得敬畏，收敛跋扈的个性。

恰当的惩罚也有助于学生良好品德的养成。惩罚的方法恰当，能够使学生明白，自己要承担行为带来的不良后果，要对自己的行为负责。在本专题开篇的案例中，美国夫妇认为，惩罚是为了使孩子自己承担行为的后果，学会对他人负责。如果孩子打破玻璃仍然受到表扬，很容易使孩子不分是非，不能认识到自己的行为的错误性，也不会从错误中吸取教训。学生犯错误的时候，恰恰是教育的良好时机，因为一般人犯错误时，心理上会紧张、担心，也预料到自己可能需要对错误行为负责。这时候如果还是赏识、表扬，很容易使学生认不清自己的行为，也很容易再犯错误的行为，导致学生品行日渐败坏。

> 惩罚的本质功能不是使违规者通过痛苦来赎罪，或者通过威胁去恐吓可能出现的仿效者，而是维护良知。
>
> ——爱弥尔·涂尔干

恰当的惩罚是学生社会化过程中的必然内容。每个人都是从不成熟走向成熟，逐渐接受成人社会的文化、规则，成长为社会人。在这个社会化的过程中，学校是重要的场所。美国教育家杜威指出，学校应该是雏形的社会，具有社会生活的诸多要素。所以我们的学校教育不能脱离社会大背景，而成为一种单独的纯粹的与世隔绝的世外桃源。在社会上生活，不会永远一帆风顺，不会永远都是鲜花和掌声，也会有坎坷，有批评，有惩罚。事实上，社会中充满了惩罚，我们如何能不使用惩罚而使学生了解到社会中的惩罚，使学生适应社会生活？如果学校的环境过于单纯，只有赏识、表扬与鼓励，学生进入社会后，会发现社会生活与学校生活有太大的差别而不能适应。所以，学生在学校学习，是社会化的过程，在学校生活的过程中，明白并且学会遵守集体生活的规则、秩序，明白怎样与人相处，怎样与社会相处，个人的利益和自由不能妨碍他人、集体和社会的利益。运用惩罚，就是要告诉学生，必须经常反思、节制、规范自己的言行，必须承担自己言行的相应后果。所以，惩罚可以使学生清楚地明白自己行为的对错，使学生学会对自己的行为负责，承担行为带来的后果，并且学会努力减少不良行为对他人带来的损失或伤害。

我们从法律中也能寻找到教师拥有对学生进行惩罚的权利的依据。我国的教育法律法规中明确禁止教师使用体罚，但并没有禁止教师惩罚学生（本文中所指的惩罚，并不包括体罚），甚至从法律法规的角度，给予教师一定的惩戒权。例如，2009年8月，针对新时期基础教育的发展要求，教育部印发《中小学班主任工作规定》，其中第十六条明确规定："班主任在日常教育教学管理中，有采取适当方式对学生进行批评教育的权利。"教师对学生的惩戒权本已有之，而这项规定则是以法规的形式保障教师的惩戒权。

在西方国家，在主张赏识教育的同时，不反对教师采用惩罚的手段，也有国家从法律法规角度赋予教师惩罚权。例如："美国的教育惩罚有严格的限制和程序，美国法律规定，未经适当程序，学校不能剥夺学生拥有接受教育的权利。美国学校法也规定，较轻的纪律处分，教师在权限范围内为维持课堂秩序可以在课堂内实施；比较严重的、可能会侵犯到学生受教育权的惩罚措施（诸如体罚、禁止学生多少天上学、开除和转校等）都必须由学校做出，而且，学校在采取这些措施的时候必须遵守相关程序。如果学校没有遵守这种程序，不仅学校的处罚归于无效，而且学校的主要负责人也要因此承担法律责任。"① 英国每一所学校都有一定的方法对付那些调皮捣蛋的孩子。根据不同的违纪情况，学生有可能受到警告、五分钟反思、取消五分钟课外活动时间、取消全部课外活动时间、给予粉牌警告、送去见校长等惩罚。此外，其他学校的惩罚制度还包括额外的作业、放学后留校和开除学籍等。②为解决校园纪律问题，英国于2006年出台《教育与督学法》，规定老师有权通过身体接触管束不守规矩的学生。这部法律还把老师这一权利的适用范围从校内延伸至校外。英国中小学生如果无故旷课，不仅会受到严厉批评，其父母也将被处以5000英镑以下的罚款。某些公立学校，甚至还设有惩戒室，对一些犯了严重错误的学生进行处罚。

拓展阅读

国外教师如何"惩罚"学生③

美国：100%依"规矩"惩罚

在美国，体罚是被允许的，其中有21个州出台法律保护体罚的合法性。但是老师体罚学生有专门的惩罚政策，老师必须依据政策里详细写明的具体部位而进行体罚。

比如佛罗里达州达得县教育委员会规定，教师可以惩罚学生，包括用不超过二尺长、三四寸宽的木板打学生的臀部，但不能超过5下，并且不能造成身体的明显伤害。根据法院判例，美国可以因为学生的以下

---

① 刘军. 中小学教育惩罚问题研究 [D]. 华中师范大学, 2011: 17.
② 李霞. 英国留学随笔 [J]. 基础教育外语教学研究, 2003 (7).
③ 雷婧涵. 国外教师如何"惩罚"学生 [N/OL], 现代教育报, 2014-06-30 [2016-04-22]. http://edu.qq.com/a/20140630/032146.htm.

几方面行为对其进行体罚：骂人、争吵、打架，以及侮辱教师等。

此外，在美国一些地方，如果学生不努力读书，要判刑入狱，曾有7名学生因学业成绩差，被判刑坐牢两个月。同样是在美国，学生如果将学校认为不宜带进的东西带进学校内，学校则一律没收，并且不再还给学生。美国教师的惩戒权包括：言语责备、剥夺某种特权、留校、惩戒性转学、短期停学和开除。

英国：传统与流行相结合的"惩罚"

英国教师的一般惩戒权包括：罚写作文、周末不让回家、让校长惩戒、停学等。在此基础上，一方面，英国各方都在呼吁用传统的课堂纪律方式来惩罚违纪学生，这一类方式可能显得有点老套落伍，但它们却是"严格而合理"的。违纪学生们除了要捡拾垃圾、除草、打扫教室和清除墙上的涂鸦外，还会被要求提前到学校、清理食堂并被没收一些优先权。这些传统的惩罚方式可以给老师们更大的信心来用"最严格"的方式要求学生们，并确保每一个孩子都有权利在一个井然有序的环境里来学习。

另一方面，英国人也想出很多惊人之举。英国每天有六万多学生旷课，这个数字可谓惊人。为了把教育进行到底，英国政府想出的办法是：孩子逃学，家长坐牢，并对其父母处以5000英镑以下的罚款。2002年，英国监狱中出现第一位因为孩子旷课而蹲牢房的父亲，到目前为止，共有130位家长因为纵容孩子不去上课而坐了牢。

韩国："体罚"合法化、标准化

韩国是一个尊师重教的国家，但是，玩是孩子的天性，调皮、不交作业、上课睡觉、偶尔犯错误等，都是经常发生的事。对待犯错的学生，韩国老师如何处理呢？

首先，除了正常的批评、警告、写检查、责骂外，韩国通过了《教育处罚法》，法律规定老师有权使用直径在1厘米左右，长度为50厘米的戒尺来惩罚学生；可以打手心、屁股等脂肪丰富的地方，如对女生打小腿5下，打男生小腿10下等，且对惩罚手段、实施惩罚程序都有十分详细而明确的规定。此外，韩国还有专门的教具公司制作这种"标准戒尺"配发给每个老师，就像警察配备警棍一样，在很多韩国的电视剧里都可以看到这样的警棍。同时，老师还可以采用其他不对学生肉体产生伤害的惩罚措施，比如罚站、罚跪等。

在实际操作中，惩罚措施五花八门，其中有一些被我们认为是有损学生自尊和人格的措施。但在韩国人眼里，这些惩罚措施是正当而且合适的，做了错事不受到惩罚在他们看来是不可思议的，只会助长恶的形成，就是小孩子也不例外。对学生的精神伤害、学生的面子问题等，在韩国是不存在的。当然，惩罚有一个基本的要求，就是老师与学生双方都有一个规则约定，违反它你将毫无疑问地受到惩罚。

日本：开始支持"不禁"体罚

日本二战后一直禁止学校对学生施行体罚，要求学校推行"宽松教育"。但禁令让教师觉得"绑手绑脚"，因为日本对体罚的规定比较严格，如将课堂上喧哗的学生逐出教室就算"体罚"。

据日本文部省统计，2004年由小学生制造的校内暴力事件多达1890件，比上次调查增加了18.1%。更令人不安的是文部省还发现，不仅小学生之间的暴力事件有所增加，小学生对老师实施暴力的事件也多达336起，比上次调查增加了32%。因此在2007年，日本政府教育改革会议向首相提案并获得支持，规定必要时可以依据监督机关的规定，对学生实施惩戒，但不得实施体罚，并对哪些行为属于体罚作了较明确的说明。一位内阁官员透露："惩罚不包括拳打脚踢，它顶多是让闹事的学生罚站，或在他们的头上轻拍一下。"

【链接】世界各国对待体罚的三类态度

世界各国对待体罚的态度有较大分歧，大体分三类。第一类国家完全禁止体罚，其中包括奥地利、芬兰、德国、挪威、瑞典、丹麦、冰岛、乌克兰和罗马尼亚。

第二类国家也禁止体罚学生，但要求恢复体罚的呼声越来越强烈。如日本、英国，其中英国甚至在完全禁体罚后又重开禁。

第三类国家允许体罚，这些国家包括新加坡、澳大利亚、韩国、美国。其中，美国有21个州在法律上保护教育工作者对学生进行体罚的合法性。

惩罚的方式比惩罚本身更重要

可以说，从教育活动的特点和法律法规的角度来看，教师拥有惩罚学生的权利，也有通过惩罚促进学生成长的义务。苏联著名的教育家马卡连柯的观点就说明了惩罚的必要性和重要性，他说："不惩罚的办法只是对破坏分子有利，如果学校中没有惩罚，必然使一部分学生失去保障。""凡需要惩罚的地方，教师就没有权利不惩罚。在必须惩罚的情况下，惩罚不仅是一种权利，而且也是一种义务。"[①] 教师有权惩罚学生，但并不是说教师可以任意惩罚学生。现实中，由于教师滥用惩罚的权利，不懂得如何恰当进行惩罚而对学生身心造成伤害的事件也频频发生。惩罚需要遵循一些基本的原则，采取恰当的方式，才能成为促进学生发展的手段，否则就会伤害学生的身心。正如法国思想家涂尔干说的，"惩罚的方式比惩罚本身更重要"[②]。由于教育活动的复杂性，每个教师所面对的学生特点不一，所以我们从原则层面来剖析一下教师怎样合理进行惩罚。

教师对学生进行惩罚，最根本的一点在于，要把握好惩罚的目的性。惩罚和赏识一样，都是促进学生发展的手段，只是从不同的角度对学生发展产生影响。所以，不管使用何种教育手段，需要始终把握好采用这种手段的目

---

① 吴式颖，等.马卡连柯教育文集（上卷）[M].北京：人民教育出版社，1985：57.
② [法]爱弥尔·涂尔干.道德教育[M].陈光金，等译.上海：上海人民出版社，2001：194.

的性——为了学生成长，促进学生发展。惩罚只是为了达到促进学生发展的一种手段，它不是根本目的。也就是说，面对学生的错误行为，在必须的时候，可以采取惩罚的手段使学生学会对错误行为承担后果，对行为负责。但是，惩罚本身不是目的，不是说惩罚了学生就可以了，要看这种惩罚有没有使学生从错误中吸取教训。如果教师觉得，惩罚学生了，这件事情可以就此结束了，那么显然没有达到惩罚的目的。所以，惩罚只是手段，不是目的；惩罚也不是教师发泄个人情绪的途径。惩罚的根本目的还是为了学生的发展。近年来，教师因为没有把握好惩罚的目的性而对学生身心造成伤害的案例也时有发生。比如，对学生的辱骂、体罚，导致学生厌学、轻生等。

在把握了惩罚的根本目的的基础上，教师惩罚学生，需要注意惩罚的方式和手段，使惩罚具有道德性。惩罚的道德性意味着，惩罚要很好地保护好学生的自尊心、

> 惩罚也可以是有教育意义的。教育者惩罚学生（孩子）的形式很多，赫尔巴特在教育管理中就提出很多惩罚的方法——罚站、禁止用膳、警告、剥夺自由、体罚等，而体罚只是惩罚的一种。但惩罚应该是一种"势"，是不可以轻用的，用赫尔巴特的话就是"惩罚的威胁"。即使用，也要辅以"权威和爱"。

自信心不受伤害，要顾及学生的承受力，惩罚的过程，不是只有威严，也应有爱的成分。惩罚不是为了标榜教师的权威性，而是为了维持纪律与规则的权威性。在具体的惩罚方法上，可以有一些策略，或者说教育的机智。比如，要避免体罚，以学生能接受的方式进行惩罚，而这种惩罚看起来是"无害"的，具有娱乐与游戏的意义。如下面这个案例，老师让学生唱歌的方式惩罚学生不遵守课堂纪律的行为。

政治老师有个规定，只要谁上课说话或做小动作被他发现，就罚谁下次上课表演一个节目。有一次，我上课说话被发现，于是他提醒我下次要准备一个节目。回家后，我不得不在家苦练那首我喜欢的但还唱不全的歌曲《寂寞沙洲冷》，我终于唱会了。第二天早晨又重新练了好几遍。终于，我在同学们的掌声中走上了讲台。一曲完后，不仅赢得了如雷般的掌声，而且左右同学给了我"下一代歌王"的称号。从此我喜欢上了政治课。

上面这个案例，就是以学生较能接受的方式惩罚学生，这个过程既起到了积极的教育作用，同时又有利于保持学生对学习的兴趣。在本专题开篇中，美国夫妇对于孩子打碎玻璃的事情，所采取的惩罚方式也是有积极意义的，他们不是简单地责骂，而是让孩子通过自己的能力去赚取赔偿经费，并登门道歉。在这个过程中孩子知道了自己的错误，并且用自己的努力去承担错误所带来的后果。

惩罚的策略还有很多，需要根据不同学生的特点，采取不同的惩罚方式。同一种惩罚方式在某个学生身上有效，并不意味着它可以推而广之用到所有学生身上。教育的重要特点就在于教育对象的独特性。所以惩罚需要考虑不同学生的特点。以下这个案例中的老师就是因为没有针对学生的特点，而导致惩罚的效果不一。

一位女学生早晨上课经常迟到，当我询问她为什么迟到时，她总是非常伤心地哭着向我诉说家里遭遇的不幸，要么是妈妈动手术，要么就说爸妈吵架，闹离婚。后来，一次偶遇这位学生的妈妈，我才得知，所谓的家庭不幸全是这个学生编出来的，她迟到是因为没有完成家庭作业，利用早晨的时间在家赶作业。当她第三次故伎重演时，我当着全班同学的面揭穿了她的谎言，让她写检讨书，并罚她打扫教室一个月。从那以后，这位学生没有再犯类似的错误，成为一个德智体全面发展的"三好"学生。直到现在，她还一直和我保持联系,并且时常会提起当年受到的惩罚给她带来的影响。无独有偶,在我所教的年级中有一位学生同样因为没有完成家庭作业经常撒谎,当我用同样的方法惩罚他后,不但没有改正他的坏习惯,他还经常和我对着干,当众顶撞我。后来从其他学生那里得知,他因为这件事非常恨我。[①]

从上面这个案例看出,教师要有效进行惩罚,需要针对学生的特点来进行,这就需要教师在平常的教育教学中做一个有心人,仔细了解学生的特点。

惩罚还有其他的策略技巧,比如,尽量避免当众惩罚。人们常说,表扬宜当众进行,而惩罚不宜当众进行,这是因为惩罚当众进行可能会损害学生的自尊心;尽量避免集体惩罚,不用"连坐"的方式进行惩罚;惩罚应当及时进行,而不是在学生犯错误之后很久才进行,这样起不到良好的教育效果;惩罚应该就事论事,只针对学生当下的错误,而不是把许久以前的错误一并进行惩罚,更不能因为学生所犯的错误就对学生下某些片面的结论。惩罚的策略技巧还有很多,其实不论采取何种惩罚方式,教师需要掌握的、最重要的还是前面所提到的原则,即把握好惩罚的目的性,在这个前提下对学生施加的各种影响才是具有教育意义的。

除了前面所提到的惩罚要把握好目的性以及以恰当的方式进行惩戒,在是否采取以及如何采取惩罚手段的时候,需要教师坚持审慎的态度。惩罚是一种负面教育手段,它的作用是有限的。如果惩罚手段运用不当,可能会对学生造成伤害而教师却不易察觉,久而久之影响学生的发展。尽管我们主张教师拥有惩罚权利,也有义务在恰当的情况下实施惩罚,但并不主张教师滥用惩罚,遇事就惩罚。教师应综合判断学生的行为问题,采取有效的方法促进学生成长。

[①] 刘紫瑛.学生对惩罚的认知及其发展[D].华东师范大学,2009:1-2.

温暖的力量：爱之深，罚之妙

分享一则教育故事：

约翰·麦克劳德，是一位苏格兰医师、生理学家。他在1923年与弗雷德里克·格兰特·班廷因为发现了胰岛素，而共同获得诺贝尔生理学或医学奖。

英国皮亚丹博物馆收藏了两幅画：一幅是人体骨骼图，一幅是人体血液循环图。这是当年还是一名小学生的约翰·麦克劳德的作品。

麦克劳德读小学时，有一天他忽然想看看狗的内脏是什么样子，便和几个小伙伴偷偷套住一条狗，宰杀后把内脏一件件隔离开来观察。谁知被杀的狗是校长家的，且是校长最宠爱的狗。校长得知后十分恼火，决定施以重罚。可处罚决定令人吃惊：罚麦克劳德画一幅人体骨骼图和一幅血液循环图。麦克劳德知道自己闯了祸，便认真地查找资料、向人求教，终于画好了两幅画交给了校长。校长看后认为他画得很好，对错误认识也比较诚恳，"杀狗事件"就此了结。当有人问他一生中对他影响最大的人物是谁时，他回答说："我在读小学时因杀了他的狗而给我处罚的一位校长。在我心目中，他是最好的老师……"

专题四　向上的课堂
——中学教师的教学责任

班会课可以这样上吗

有一段时间了，走进三（1）班上课总是感到有些奇怪：在周一班会课后我去上课时，学生特别的认真，而在周四去上课时，学生就没有周一的那节课认真。开始的时候我并不在意，但一段时间后经常这样，就引起了我的注意，我要搞清楚这究竟是怎么回事。

又到了周一，我要去看看班主任是怎样来教育学生的。刚走到教室门口，觉得班级里好像在放电视。仔细一看，真的，真的是班主任在给学生放电视。于是我也就静静地看起来了，电视画面上出现的，是一些白领阶层工作、生活的片段：这是一群年轻人，有极好的工作环境和生活环境，这样的工作、生活环境是人们羡慕的，高收入、高消费，他们也都有很高的学历。电视画面上的年轻人是那么的潇洒、自在，学生眼睛紧紧地盯着画面，是那样的全神贯注，眼里流露出的不仅仅是羡慕，更多的是那种渴望！

电视画面戛然而止，教室里一片沉静。过了大约一两分钟，班主任开始说话了："同学们，刚才大家看到的，就是那幸福的生活。这样的生活是不能寄托在别人的身上的，一切都需要自己奋斗。同学们，你们想不想要这样的生活？"

"想！"学生们几乎是在同一个时间里发出强有力的回答。

"好！那么我请几位同学说说看，该怎样才能得到这样的工作，这样的生活呢?"

学生说,要努力学习。

过后,我问学生:"每周的班会课都是这样的吗?"学生们说都是这样的,班主任先是放一段录像,然后就按照学生的座位号让大家一个个地发言表决心。怪不得我在周一班会课后来这个班级上课感到特别轻松,原来班主任刚刚给学生进行了这样有针对性的"教育"。(《中国教师报》夕阳提供)

这位班主任做得还不够形象。我曾经看到过这样的报道。某学校门口,挂着两双鞋,一双草鞋,一双皮鞋。教师指着两双鞋对学生说:"看见没有?你们要是好好学习,将来就穿皮鞋;要是不好好学习,就穿草鞋!"[1]

想成为白领还是想成为蓝领?好好学习就穿皮鞋,不好好学习就穿草鞋。案例中的教师在教育学生的方式上不完全相同,但他们的教育思路如出一辙。案例中,教师首先展示了所谓的"好"的工作、生活状态,激发学生强烈的学习动机,激励学生追求相似的生活,并警示学生好好学习与不好好学习会造成不同的结果。从案例中可以看出,在班会刚刚结束的很短暂时间内,学生的学习积极性得到激发,但没过多久学生的学习积极性便下降了。案例所呈现的教育场景并不鲜见,案例引发出了许多教学中值得深思的问题:教师自身的价值观是否是正确的?教师可否用这样的价值观引导学生?教师的价值观引导为何没有持续性的效果?这样的教学理念和方式,对学生会产生什么负面的影响?

---

[1] 王晓春.今天怎样做教师[M].上海:华东师范大学出版社,2005:101-103.

教学责任之偏斜

从"白领教育"与"蓝领教育"、"皮鞋教育"与"草鞋教育"的案例可以看出,我们所反思的问题,其实涉及了教师究竟该如何对学生进行教育,教师的教学必须遵循哪些职业规范和职业道德的要求。教师的教育教学任务主要包括两方面:传道与授业——对学生进行价值观的引导,向学生传授科学文化知识。"正直教学"就意味着教师在传道与授业两方面,都必须做到正直、不偏斜。具体来说,在价值观的引导方面,教师应当引导学生形成积极的价值观;在科学文化知识传授方面,教师必须恪守职业规范要求,履行岗位职责,认真踏实传授知识。教师的教学之偏斜,也主要表现在价值观引导与科学知识传授两方面。

1. 传道之误——功利主义的价值观引领

前文所提到的例子中,教师的传道之误在于:在教师的教育价值观中,工作有高低贵贱之分,学习就是为了获得物质利益,学习的最终目的是为了所谓的"高贵的"工作与生活。教师对待社会上各种职业的看法、教师对学生未来发展的期待,也即教师的价值观显然存在重大问题。教师以这种片面的、偏激的价值观去引导学生,对学生成长造成的影响也不可低估。案例中所呈现的只是两位教师的做法，但实际教育教学过程中，教师持有类似的教育理念和方法的情况并不罕见。例如，有媒体曾报道，在一所中学的入学教育课上，某位教师对学生的教育是："读书是为了赚大钱、娶美女。"除去媒体所报道的典型案例，反观身边的教学实际也可以发现，不少教师也向学生传递过类似的价值观，诸如读书是为了考上好的大学，读书是为了将来能有一份好的工作，读书是为了能够出人头地，等等，不一而足。教师将"功利主义"的价值观传递给学生，将"实用""效用"作为学习的重要目的激发学生的学习动机，影响学生的人生价值观的形成。

2. 授业之错——敷衍塞责的教学方式

在教师教学职责的另一方面，即传授科学文化知识、完成教学任务方面，部分教师亦存在有违教师职业道德的行为。这样的案例也时能看到，例如有记者走访重庆市内几所中学，学生们都反映有老师会在上课时频频走出教室接听电话。上自习课时，有的老师还会坐在讲台上发送短信聊天。学生们对老师上课接听电话普遍表示反感。又如，有的教师将个人不良情绪带入教学工作中，对工作敷衍塞责：

吉林省松原市某高中高三（12）班的学生认为老师离婚后教学态度有很大改变，全班学生连续4天拒绝上数学课，集体"弹劾"数学老师，要求学校更换老师。这位女数学老师还不到30岁，从高二开始教他们，刚教不久她就离婚了。同学们发现，老师的情绪越来越差，对他们的态度也逐渐"降温"，越来越没有耐心，到了高三后更加明显。一名女生说，老师讲课速度太快，有敷衍的意味，他们的思维很难跟上，课后请教的时候，老师也爱理不理。数学是他们文科班学生大多数人的弱科，还有半年多就要面临高考了，学生们都很着急。为了解决这个问题，全班同学从 8 日开始拒绝上数学课，坚决要求更换数学老师。①

还有的教师本应在课堂完成的教学工作，却以课后收费补课的方式来完成，不参加的学生无法学到本应在学校学到的新知识，甚至可能受到教师的不公正对待。学生家长迫于无奈，只能额外缴费让学生参加这类补习班。下面这个案例反映了这样的情形：

"春节前，我孩子就参加了数学教师的补课。"近日，一位女士打来电话表示，她的孩子在市区某热点初中就读，该校初一（13）班教数学的张老师，从年前到现在一直在给学生违规补课。"孩子班级至少有一半的学生都在这名老师那儿补课，老师讲的是新课，你不去就落下了。"

"我要投诉某初中的刘老师。"在"乱补课"举报热线公布后，一位家长很气愤地打来电话说，他孩子所在的热点初中，有一位教数学的刘老师，这位老师在放假之后一直在平安小学北侧一住宅里进行违规补课。"刘老师在学校的课堂上不认真讲课，却要求学生上她的补课班，平时还给个别不参加的孩子'穿小鞋'。"②

总体看来，在教学方面，有的教师偏离正直教学原则的轨道，对待教学工作敷衍塞责或违背教师职业规范。教师的不当教学行为主要表现在：课前不认真备课，对教学内容不作精心准备，甚至对于某些模糊不清的问题不作澄清，在内容不明确、概念不清、问题未解决的情况下就进行课堂教学；课堂上不依据教学要求讲授相应内容，或将教学内容随意删减，甚至讲授错

---

① 刘长宇. 认为老师教课过程中不认真全班学生集体罢课 4 天［OL］. 网易新闻，［2016-04-25］. http://news.163.com/05/1113/01/22DE53HG0001122B.html.
② 佚名. 教师补课内幕：一月挣上万不补就给"穿小鞋"［OL］. 凤凰网，［2016-04-25］. http://edu.ifeng.com/zxx/detail_2014_02/21/34044701_0.shtml.

误的内容，或者在教学内容不断更新的情况下仍然守着多年前的教案进行教学；授课时间随意变更，如迟到早退等；课后不认真批阅学生的作业，敷衍了事，更有甚者让学生或他人代为批阅作业；不完成教学任务的要求，而通过办补习班的方式收费教学；等等。

缘何偏离教学正轨

教师在教学内容、教学态度、教学方式等方面，偏离正直教学要求的轨道，导致这些现象的原因既有外部的，也有教师自身的。例如，有的教师生存压力大，经济收入不高，容易诱发教师通过额外收费的方式进行教学，为个人创收；外部的因素只是可能的诱因，教师教学偏离正直轨道，主要原因在于教师自身的价值观和教学能力、教学态度等方面。

1. 迷失在多元价值观中

随着社会的不断发展，社会结构的转型，文化的开放，世界各国、各地区的文化及人们的价值观念冲击、影响并渗透到我国，价值观日趋多元化。在这些多元的价值观中，既有积极的价值观，也有消极的价值观，良莠不齐。《人民日报》2012年6月接连发了主题为"我们时代需要怎样的价值"系列评论文章，这背后既有对当下社会心态以及意识形态茫然无序的焦虑，也有试图要引领中国社会走出意识形态洼地的祈求。《人民日报》针砭的"精致的利己主义""狭隘的极端主义""庸俗的消费主义""诡辩的相对主义"，都是当下社会一些典型社会价值观。

中学阶段正是学生价值观形成、稳定的重要时期，教师的价值观引领在很大程度上影响着学生的价值观。多元价值观影响着教师自我价值观的确立和发展，继而影响着教师如何引导学生价值观的形成。一方面，如果教师迷失在多元的价值观之中，缺乏专业判断，不能区分积极的价值观与消极的价值观，那么，在价值观引导方面容易对学生造成误导，导致学生信奉消极价值观。当今，拜金主义、功利主义价值观甚嚣尘上，许多人往往将物质利益的追求作为人生的目标。而这些消极的价值观也同样影响着教师和学生。教师如果不对价值观进行澄清，或者明知其为消极的价值观仍然将其传递给学生，将对学生的发展产生负面影响。当前教师在价值观引领方面产生问题就在于，不少教师将消极的价值观视为积极的价值观，如有的教师自身就将金钱与物质利益作为人生最重要的追求，并鼓励学生以此为求学的唯一目标；又或者为追求一时的教育效果而将明知不应传递的价值观传递给学生，如教师也许明知"赚大钱、娶美女""当白领"不能成为人生的唯一目标，但为了激发学生产生强烈学习动机，就不断向学生宣传这类价值观。这种情形，就是教师知其错误却仍然坚持错误。"皮鞋教育"与"草鞋教育"的这种价值观引导，不论教师是有意识还是无意识地迷失于多元价值之中，都对学生产生了消极的引导作用。这是我们需要警惕的精致的利己主义。

另一方面，多元价值观也在不断挑战教师原有的价值体系，导致教师在履行专业职责时产生内心冲突而影响教学工作。"出淤泥而不染"是人生的高境界，需要在不论外界发生多么剧烈的变化的情况下，仍然坚持正确的信念，坚守自己向上的追求。但面对多元价值观的冲击，有的教师难免难以做到淡定从容。例如，在利己主义、消费主义的消极价值观的影响下，人们往往以地位、收入等来评价个人的成就。许多行业的物质收入丰厚，相比之下教师待遇略低。经济的因素也可能导致教师对职业的热情不高，以敷衍塞责的方式完成工作，因此出现不钻研教学难题，不注重教学水平提升，得过且过。再加上一些教师生活的经济压力较大，通过收费补课的方式能获得较多的收入，教师就可能出现课堂教学不认真完成，而要求学生通过交纳补习费等方式在课外完成原本应课内完成的教学任务。又如，在教师教学评价与监督体系并不十分完备的情况下，部分教师容易计较个人付出，得过且过、敷衍了事，课堂教学随意性太大。

2. 缺失专业钻研精神

在教学过程中，教师难免遇到专业方面的难题与困惑，面对这些难题与困惑，需要教师以敬业、负责的态度和精神努力攻破难题，理清教学思路，不在含混不清的状态下进行教学。教师的专业成长正是在不断克服困难的过程中实现的。然而，部分教师在遭遇教学困难之时，缺乏钻研精神，对待职业敷衍了事，就造成了前文所述的情形：部分教师对于专业知识的概念内涵并未梳理清楚，抱着无所谓或者认为学生不会质疑的态度进行教学；在知识更新速度加快的时代背景下，以多年前陈旧的教案继续开展教学；等等。专业钻研精神的缺失可以表现在处于职业生涯各个阶段的教师身上。例如，初入职的教师，如果缺乏从业热情，或者从业热情在理想与现实的落差中被消磨了，容易对工作缺乏进取之心；职业生涯处于上升或稳定阶段的教师，如果对自己的教学能力过于自信，不跟随时代发展和学生变化不断提升教学能力，也容易停滞不前；处于职业生涯退出期的教师，如果以即将离岗退出的状态完成工作，敷衍的工作态度就较为常见。所以，专业钻研精神的缺失，归根到底在于教师对待职业未能秉持敬业、负责任的态度，注重自身的专业发展，专注于学生的成长。教学能力的欠缺并不必然造成教师教学效果的降低，敬业、负责的专业精神，能在很大程度上弥补教学能力的欠缺。

教学正轨不可偏

教师之所以应当履行教学职责，是因为教师对学生发展的影响重大。学校是学生社会化的重要机构，学生在学校学习到科学文化知识，获得道德成长，懂得为人处世的道理，从而拥有立身之本。

在知识传授方面，教师若缺乏教学责任，教给学生错误的知识，或敷衍塞责不完成教学任务，或者以补课之名义收费教学，都将影响学生的知识学习程度，可能造成学生知识基础薄弱，不利于学生今后的发展。

在价值观引导方面，教师若缺失了教学责任，对学生的影响并不那么显而易见，它是潜在的，但却是深刻的。古人云："有才无德，其行不远。"这强调的是人的道德品质的重要性。由此引申理解，积极价值观是人的素质非常重要的方面。教师深刻影响着学生价值观的形成和发展。教师对学生价值观的影响主要有显性和隐性两种方式。在教育过程中，教师向学生告知、提倡某些价值观，是对学生价值观形成的显性影响。教师自身所持有的价值观，通过教师对待教育教学工作、对待学生的态度，不知不觉而流露出来，它潜移默化地对学生的价值观形成产生影响，这就是教师价值观影响的隐性方式。因此，教师应当对学生进行积极价值观的教育，而且教师自身需要审视和调整自身的价值观，以对学生价值观形成产生积极影响。

教师从多方面对学生的成长产生影响。教师是否充分备课，是否传授正确的知识，是否对学生进行积极价值观的引导等，都影响着学生的成长。正基于此，我国相关的教育法律法规对教师的正直教学提出了相应的具体要求。

（1）在教师如何引导学生形成积极价值观方面，有这样一些法律法规作出了具体的规定：

①《教师法》（1994年1月1日起施行）第八条对教师提出的要求有："对学生进行宪法所确定的基本原则的教育和爱国主义、民族团结的教育，法制教育以及思想品德、文化、科学技术教育，组织、带领学生开展有益的社会活动；……不断提高思想政治觉悟和教育教学业务水平。"

从《教师法》可以看出，教师负有对学生进行思想品德教育的义务，教师进行价值观教育应符合宪法和法律的规定，传递国家主流价值观。此外，教师还需不断提高自身的思想政治觉悟，在多元价值观中不断梳理和澄清，保持积极的价值观，并向学生传递积极价值观。

②《中小学教师职业道德规范》（2008年修订）中规定，教师应"坚守高尚情操，知荣明耻"，"培养学生良好品行，激发学生创新精神，促进学生全面发展"。

从上述规定可以看出，教师自身应坚持高尚的情操，在价值多元的时代不迷失，明了何为积极的价值观、何为消极的价值观，应该对学生进行何种价值观教育。在价值观教育过程中，教师以身作则，起到表率作用。对学生品行的培养以正面教育为主，不在课堂上传递消极价值观，以免对学生造成负面影响。

（2）在教师传授文化知识方面，法律法规的主要要求有：

①《义务教育法》（2006年6月修订）第五条规定："依法实施义务教育的学校应当按照规定标准完成教育教学任务，保证教育教学质量。"第

三十五条规定:"学校和教师按照确定的教育教学内容和课程设置开展教育教学活动,保证达到国家规定的基本质量要求。国家鼓励学校和教师采用启发式教育等教育教学方法,提高教育教学质量。"

《义务教育法》规定了学校和教师的职责与义务。学校所开展的教育教学活动需要达到国家规定的质量要求,而这一质量要求最直接的保证者是教师。因此,教师需要严格按照课程计划实施教学,在教学过程中确保教育内容的准确性,并在教学过程中灵活采用多种教学方式以提高教学质量。显而易见,教师随意调整课时,随意变更教学内容,迟到早退或在课堂上进行与教学无关的事情,都会严重影响到教育教学的质量。

②《中小学教师职业道德规范》(2008年修订)中规定:教师应该"敬业","对工作高度负责,认真备课上课,认真批改作业,认真辅导学生。不得敷衍塞责"。教师应"崇尚科学精神,树立终身学习理念,拓宽知识视野,更新知识结构。潜心钻研业务,勇于探索创新,不断提高专业素养和教育教学水平"。

《中小学教师职业道德规范》一方面从教学的角度非常详细地对教师的教学过程的一系列环节提出了具体要求,包括课前准备、上课、课后辅导等,要求教师认真对待教学;另一方面从教师专业发展的角度,对教师终身发展提出要求。由此看来,教师在教学工作中,不仅仅应该认真履职,不敷衍塞责,而且应该具有专业钻研的精神,不断追求自身的专业成长,这才是教育教学质量提高的不竭动力,是自我成长与自我实现的重要路径。

除以上相关法律法规对教师的教育教学活动进行了详细规定外,我们还可以看到,对教师应如何履行专业职责,我国台湾地区、其他省市以及某些学校的规章制度都有可资借鉴的有益经验。

拓展阅读

1. 我国台湾地区《教师自律公约》（2000年2月通过）指出：

"教师应以公正、善良为基本信念，传授学生知识，培养其健全人格、民主素养及独立思考能力。"

"教师对其授课内容及教材应充分准备妥当，并依教育原理及专业原则指导学生。"

"教师应时常研讨新的教学方法及知能，充实教学内涵。"

"教师应为学习者，时时探索新知，圆满自己的人格。"

2.《上海市中小学教师守则》（试行）（2004年8月）中指出：

"严谨治教。遵循教育教学规律，刻苦钻研业务，不断提升专业素养；认真执行教学计划，努力改进教学方法；提高教育科研水平，促进教育质量提高。"

"探索创新。学习教育理论，关心教育改革，探索教育规律，参与创新实践。"

3.《海南省中小学教师日常行为守则》（暂行）（2005年）中对教师提出的要求有：

"坚持读书学习，积极参加培训，认真钻研业务，努力提高自己的理论素养和专业化水平。"

"热爱教育、热爱学校，宣传普及科学知识，培养学生良好的思想品德，不宣扬封建迷信和歪理邪说，不传播有害学生身心健康的思想言论，不参与邪教活动。"

"树立优良教风，认真备课上课，认真批改作业，上课不携带通讯工具，不接传呼、不打手机。"

"按时上班上课，除节假日外，应在学校工作、学习，不擅自离开学校，上课不迟到、早退或拖堂。"

改"斜"归正

教师的正直教学,应从价值观引导和知识传授两方面去践行。

1. 积极价值观的引导

教师对学生进行价值观引导的重要性在于,中学阶段正是学生价值观形成与稳定的重要时期,而社会生活的多元化导致学生价值选择的困惑,中学生尚难以通过自身的反思就形成积极的价值观。因此,需要成人帮助其进行筛选,使之学会判断和选择。

在价值多元的时代,有时并不能简单判断一种价值的对与错。在教师和学生的价值观领域中,也当然存在着多元价值观,许多价值观都有其合理的一面。然而,价值观存在的合理性并不意味着学校教育不需要对价值观进行筛选。在学校教育中,教师肩负着对学生进行价值观引领,培养学生良好品行的重任,因此,应当向学生传递积极的价值观而非消极的价值观,引导学生形成健康向上的价值观。

首先,教师应履行教育职责,对学生进行主流价值观教育。其次,面对生活中林林总总的价值观,教师要以积极、正面的价值观引导学生。案例中,教师向学生传递的"白领"与"蓝领"、"皮鞋"与"草鞋"、"赚大钱、娶美女"等价值观,窄化了读书求学的真谛,不利于学生长远的发展和社会的进步。当然,价值观的引导不仅仅止于上述应追求何种学习目标方面,还包括学生成长的方方面面。

由于学校教育系统并不是独立于社会其他系统的真空存在,学校教育会受到社会各方面因素的影响,因而价值观引导的难度也显而易见。学生在价值观形成过程中会产生冲突、困惑。面对价值观难题,一方面需要教师自身秉持积极的立场,不断澄清自身的价值观,在纷繁复杂之中保有立场;另一方面,对于成长中的学生,教师不能以命令、斥责的口吻或强迫的方式生硬灌输价值观,而应该采用恰当的方法使学生主动形成积极价值观。例如,通过两难问题、价值澄清等方式使学生学会判断和选择。下面这个案例就体现了教师如何在价值冲突中对学生进行积极价值观的引导。

教学生善良,会害了他们吗?[①]

常常有老师说:"担心把学生培养得太善良,他们以后走上社会会吃亏。"但这些老师又很纠结:"难道我们不需要善良教育了吗?"……

不久前,在给马来西亚教育同行作报告时,一位马来西亚华人教师提问道:"我们的社会并非处处都是善良的人,我们需不需要给孩子传授'防人之心不可无'的观念?"

我的回答是:"当然要教给学生一些生活智慧,但这是相对的;而教给学生以善良的品质,这是绝对的!"

……

……教育当然应该教给学生生活技能与生存智慧,但首先应该给学生以

[①] 李镇西. 教学生善良,会害了他们吗?［OL］.新浪博客,［2016-04-25］. http://blog.sina.com.cn/s/blog_54c61efa0102e0rp.html.

人之为人的精神世界，而人的所有"精神"都必须以"人性"为最基本的底线——学校教育最重要的工作就是保持孩子善良和悲天悯人的天性，这对于一个人是否拥有终身幸福的精神生活是至关重要的。苏霍姆林斯基在其名著《帕夫雷什中学》中这样道："为每一个人培养起善良、诚挚、同情心、助人精神以及对一切有生之物和美好事物的关切之情等品质，是学校教育的基本的起码的目标。学校教育就要由此入手。"

……

我们和学生当然都不是生活在真空中。如何让孩子在灰暗甚至邪恶的环境中保持一份对真善美透明的信任？如何让孩子在追求真善美的历程中又能正视假恶丑的存在？如何让孩子在拥有善良天性的同时又具有坚韧不拔的生活勇气和化险为夷的生存智慧？这是我在30多年的教育历程中苦苦探索的课题。我现在的结论是：在学生从幼年、童年、少年到青年的成长过程中，我们应该给他们的心田依次播下三粒人生的种子："善良""正直"和"机智"。善良是一切美德的根本，由此萌生出正直——憎恶一切毁灭善良的罪恶，而与罪恶抗争，则必须有一颗机智的心。注意，我这里说的是"依次播下"，就是说，对不同年龄不同学段学生的教育，必须有不同的重点主题。而任何一个主题的错位，都可能产生教育的遗憾进而给学生的人生带来遗憾。

2. 不欺人己——教导学生正确的知识

不欺人己，意为不欺骗他人与自己。从教师教学的角度而言，意味着教师不"欺骗"自己也不"欺骗"受教育者。

（1）不欺骗自己，意味着教师需要评估自己对所教科目了解有多少，对于这个学科的知识是否掌握透彻，是否掌握了本学科最新的知识；反思自己是否在不断探究教学方式的改革，以让学生能听懂自己所教的知识；反思自己是否注重时时求进步，注重通过培训或自我学习等方式不断寻求专业上的成长……总之，教师要诚实面对自己，不以"半桶水"的状态，不在自身"心虚"或"空虚"的状态下进行教学。

（2）不欺骗学生，要求教师做到两方面：

一方面，教师要以敬业的态度完成教学工作，确保学生的受教育权。在课堂教学前，教师应精心备课，即使是有经验的老教师，仍应当与时俱进、针对学生的特点与需要更新教学内容与方式。在课堂教学过程中，严格履行教师的教学职责，不敷衍塞责。课后认真辅导学生，解决学生的疑难问题。

备课、上课、批改作业、辅导学生，这些琐碎的、重复的工作是教师职业生活片段的真实写照，教师以敬业的态度认真完成，学生收获了成长，教师也收获了幸福和满足。也正是在这些细致繁杂的工作中，教师展现着对待职业的精神和态度，正所谓"于细微处见精神"。

另一方面，当教师出现失误时，面对学生的质疑和反对，教师应进行正确回应，不以批评否定学生的方式来掩盖教学中的错误。在课堂教学中，教师可能会遇到所讲授的内容遭到学生质疑的情况，有的质疑有其合理性。面对学生的质疑，教师应耐心解答，或承认教学过程中的失误并及时纠正。切忌以教师的权威压制学生，阻碍学生正当的质疑问难，或对错误遮掩而过。

温暖的力量：细致之处见真功

分享北大附中特级教师李冬梅的一则教育故事：

李老师布置了作业之后，不是等学生做完才收。她总是先收半成品，看学生的思路对不对，予以指导，避免学生因大返工而产生强烈的挫败感。在确保每一个学生都真正理解了要求、规范之后，再放手让学生继续去做。讲到这儿的时候，有听者质疑，认为作为特级的她享受了学校照顾，课时少，才能做得精。"都一样的"，李老师大气地笑答，"我这学期教五个班，初中两个，高中三个！课时都是一样。我现在每天晚上加班熬夜的第一个理由就是批改作业！不管多忙，不管多累，一定在下次课之前把作业批改完。学生们等着看呢！他们要在网上看自己的成绩，还要看别人的优秀作品、评价。"说到这儿，她随手打开一个文件夹，介绍了自创的学生作业管理动态数据库。规整细密的张张网页之中，有分数，但更多的是小笑脸，犹如春天里热情绽放的大片迎春花……

李老师说："你布置了作业，批和不批，就不一样；作品展示和不展示就不一样。我从不批评学生，你不表扬他，就是批评了！"

有人问她批作业所用时间，她随手指向成绩表上面的时间记录："我以前也经常被问'批作业要多长时间'，以前我只是估计，后来我就干脆计时批作业。一旦中间被打断了，那部分时间一定要扣出去！就是纯粹的批作业用时。喏，这个班的作业第一次用时2小时58分，第二次5个半小时，7个小时，5个小时……"看着无比诧异的老师们，她却无比幸福地说："我目前还没有感到痛苦。你去看看学生吧，他们的成长，就像电影里回放的花瓣的绽放一样，一会儿一个样！你把每个学生的闪光点聚起来，五花八门！非常有意思！"说着，表情越发祥和、亲切，仿佛又置身于与她亲切相拥的孩子们中间……[①]

[①] 佚名. 细致之处见真功［OL］. 中小学教师职业道德规范，［2016-04-25］. 011_tjcz/jszydd/course/course2-no2al0000001.html#axu01.

专题五 语言之善
——中学教师的教学语言

无形的伤害

2003年4月中午，位于重庆市渝中区华一路41号的重庆实验学校初三（4）班学生丁瑞婷，由于耽误了第二节课，汪老师便将她叫到办公室。据事后在场的老师、同学回忆，汪老师将丁瑞婷叫到办公室整整一个小时，先是用木棍打，然后很凶地责骂："你不看看你自己，又矮、又丑、又肥……你连坐台的资格都没有。"恰好第三节课又是汪老师上的语文课，整整一节课丁瑞婷都坐在座位上痛哭、流泪……

下课后，丁瑞婷不见了，午餐时间，还是不见其踪影，此时，她带了一支笔，一个本子，一枚花一样的发夹悄悄地从自己所在的教室五楼上到八楼跳楼自杀。

她在遗书中这样写道："汪老师您说得很对，我做什么都没资格，学习不好，长得也不漂亮，连当坐台都没有资格。您放心，我不会再给您惹事，因为这个世界上不会再有我这个人，我对您的承诺说到做到。"

事发后，汪老师感到很痛心，她没有想到、更无法理解自己对学生过分的伤害，会让学生走上极端。据同学反映，汪老师经常当着众人的面，数落、挖苦班上的同学，还曾经当着丁瑞婷妈妈的面抽过丁瑞婷一耳光。[1]

---

[1] 陆少明. 反思教师的语言暴力——语言暴力的心理教育化解［OL］.［2016-04-25］. http://www.cnsaes.org/homepage/saesmag/sx/2007/2b/sx070205.htm.

这是一起令人痛心的事件，花季女孩的生命就这样凋零了。从她的遗书和同学们的反映来看，汪老师的言行是造成这样严重后果的重要原因和直接原因。汪老师对丁某有体罚的行为，对丁某及其班上同学有过数落、挖苦等言语上的伤害，而这次汪老师对丁某的体罚，尤其是在教育丁某时所使用的侮辱性语言，直接造成了丁某结束了自己的生命。

在这个事件中，汪老师对丁某有两种暴力行为：一种暴力行为是直接的殴打，比如用木棍打丁某，抽丁某耳光等；还有一种暴力行为，那就是汪老师责骂丁某的侮辱性语言，这是一种"隐性"的暴力。教师对学生的诋毁、漫骂、讽刺、冷言冷语等歧视性语言，都属于语言暴力。在语言暴力中，我们似乎看不到"棍棒"，看不到身体上明显的伤害，它似乎比体罚更"文明"，但是语言暴力带给学生的精神伤害却绝不比体罚小，它给学生造成的是无形的、长久的影响。

> "语言本身就是文明。"语言能够使人文明，也能叫人野蛮；能伤人也能疗伤。

恶语伤人六月寒

古语言："良言入耳三冬暖，恶语伤人六月寒。"对教师而言，教师的语言不仅仅是表达的

> 教师的语言是一种什么也代替不了的影响学生心灵的工具。
> ——苏霍姆林斯基

艺术问题，更关乎学生的健康成长。教师的语言暴力有很多种表现形式，比如：侮辱讽刺学生——"你简直是个废物""你比猪还笨"……；贬低压抑学生——"你这个无用的东西""世界上再没有比你更笨的了""我看你一辈子都没有出息"……；威胁恐吓学生——"早晚跟你算账""看我怎么收拾你"……在教育教学活动中，教师所使用的伤害性语言不只限于以上所列出的。有的教师是无意识地、口不择言地使用了伤害性语言，而有的教师则是有意识地、刻意地用贬损性的话语责骂学生。不管教师的主观意愿到底是怎样的，教师的语言暴力带给学生的伤害是深重的、持久的。这种伤害主要表现在以下一些方面。

教师语言暴力影响学生良好道德品质的形成。在学生道德发展的过程中，教师的榜样示范作用对学生产生重要影响。正如俄国教育家乌申斯基所说，教师的思想品德对青少年学生心灵成长的影响，是"任何教科书、任何

道德箴言、任何惩罚和奖励制度都不能代替的一种教育力量"[①]。教师高尚的道德思想、积极的道德情感、良好的道德言行，对学生都是示范，熏陶着学生的道德发展。然而，教师的语言暴力，却展现了教师个人素养的不足，是学生道德发展的不良示范，影响学生良好道德品质的形成。比如有的学生使用不文明用语、侮辱性语言，就是因为教师长期使用这类语言。

教师语言暴力影响学生性格健康发展。苏霍姆林斯基曾说过："孩子心理比较脆弱，其自尊心像一朵玫瑰花上颤动欲坠的露珠那样，弄不好就会抖落，对待它，我们应十分小心。"中学生有较强的自尊心，自我意识逐步形成和完善。教师讽刺挖苦、侮辱谩骂学生，或诋毁学生人格等，都会严重伤害学生的自尊心和自信心，使学生形成很低的自我意识，认为自己在教师、他人眼里一文不值，自己很无用。学生的性格发展不健全，会导致学生产生一些不良的行为。例如，一些学生今后难以以宽容、尊重、和善的态度去对待他人和社会，行为偏激。通常情况下，教师的语言暴力会导致学生性格和行为有不同的倾向，有的学生性格偏执，语言张狂；有的学生极度自卑，畏首畏尾；有的学生自闭、孤独等。

教师语言暴力影响师生之间、学生之间的人际关系。教师如果经常在班级、学校等公开场合肆意辱骂、讽刺、嘲笑学生，学生容易对教师产生抵触情绪、厌恶教师、疏远教师，甚至对教师产生敌对、仇恨的态度，产生逆反心理，这就导致师生之间关系紧张，不利于学生的心理健康，也不利于教师开展教育教学工作。此外，教师对学生的语言暴力，也容易导致学生之间的关系受到影响。因为教师的态度和做法，会影响到其他同学如何看待被教师训责的学生。所以，如果教师经常对某些学生实施语言暴力，会导致其他同

[①] [苏]契尔那葛卓娃，等.教师道德[M].严缘华，等译.上海：华东师范大学出版社，1982：120.

学也用同样的观点来看待被训责的同学。比如，教师骂学生为"白痴"，很可能导致班级同学也跟着用"白痴"来称呼这名被训斥的同学。这样会导致同学之间不能友好相处，班集体丧失友善的群体氛围。例如，有这样一个类似的案例：

  有个男生叫"伟智"，他在回答一道简单的问题时竟然答错。老师说："你再稍微用点脑筋，就可以名副其实地有半个'伟人的智慧'。"全班哄堂大笑。伟智面红耳赤，悄然坐下。

  从此以后，同学们不客气地嘲笑伟智。他们学习老师的坏榜样，还添油加醋，随兴更改，称呼伟智为"半天才"，或改口叫他"半白痴"等。结果造成伟智无法忍受，最后只好转学。[①]

  教师的语言暴力带给学生的影响还有很多，比如导致学生学习成绩受到影响，又比如影响学生对自我的认识。教师的评价是学生认识自我的重要来源，如果教师用"白痴"一类的语言来评价某个学生，久而久之该学生就有可能认为自己真的是"白痴"。教师语言暴力最严重的后果则是导致学生难以忍受教师的语言伤害而结束自己的生命，正如前文所提到的丁某一样。

---

① 袁先全.回归语言之善[D].华中师范大学，2010：38.

为何"口无遮拦"

我们可以看出，教师的语言暴力，对学生成长的方方面面都产生严重的负面影响。许多教师也并不是没有意识到恶语脱口而出对学生带来的伤害，但是，为什么语言暴力问题在学校仍然普遍存在？

这首先是源于教师对其教育权力的滥用。在传统"师道尊严"的文化氛围下，教师如果滥用职业权力，容易导致对学生的暴力行为，包括语言暴力。尊师重道是我们的传统："天地君亲师"把教师放置于与"天地君亲"同等重要的地位，这就赋予了教师崇高的地位；"师道尊严"强调尊重教师；我们也常说"一日为师，终身为父"，体现了对教师的重视和尊重。但是，过分夸大教师的地位，在师生关系中认为教师拥有绝对的权力，学生什么都不懂，应该接受教师的严厉管教，并且教师可以随心所欲地训斥、责罚、责骂学生，就容易导致教师的语言暴力。

教师压力过大，对教育工作的热爱程度降低，也即职业压力引发教师对职业产生倦怠，也会导致教师以简单粗暴的语言来教育学生，伤害学生心灵。在教育不断进行改革的背景下，教育发展的新形势对教师提出了新要求，教师需要从多方面提升自我的能力，不断适应新的教育教学要求，再加上教师承担着繁重的教学任务，面临各种压力，教师长期的心理压力如果得不到缓解或有效的释放，就容易对职业产生倦怠情绪。在工作压力之下，教师容易丧失耐心和宽容度，用简单粗暴的方式对待学生发展中的问题，语言暴力就很容易产生。"北京万泉河中学的一位教师就曾坦言：'我校学生大多是小升初入学的'失意者'，自我评价较低，心态普遍消极。教师长期面对这样的学生，缺乏成就感，容易出现埋怨、牢骚、指责的情绪，久而久之心态也变得消极，不利于自己的健康和学生的健康成长，更谈不上职业幸福感。'"[1]

教师语言暴力还与教师个人素质密切相关。教师的教育理念和教育能力的欠缺，也是导致教师语言暴力的原因。有的教师教育理念没有跟上教育改革的步伐，仍然持有传统的教师权威理念，认为教师在教育地位上高于学生，学生是被动接受教育的，一切听从于教师，这就很容易导致教师不尊重学生，讽刺、挖苦、谩骂学生也就被一部分教师视为是理所当然的了。还有的教师，尽管有在提升自己的教育理念，但欠缺教育能力，尤其是面对一些难处理的问题时，缺乏教育机智，只能用责骂、训斥等语言来解决问题。

除此之外，教师的个性心理方面的问题也会导致语言暴力。比如，有的教师偏执、心胸狭窄、敏感多疑，有的教师性情暴躁、急躁，有的教师有很强的控制欲望，有的教师非常在乎自己的"面子"，等等，教师把学生作为"出气筒"，宣泄自己的不良情绪。

当然，教师语言暴力的产生，除了教师自身的原因外，学生的个性特点也是造成教师语言暴力的重要因素。中学生进入青春期，追求个性、张扬自我的特点表现非常明显。有的学生在成长过程中没有形成良好的品行；有的学生标榜自我个性，追求自己的独特性，以对抗教师权威的方式彰显自我……青春期学生针对成人的控制，有很强的叛逆、逆反心理，部分学生容

---

[1] 贾宇. 北京：让初中教师拥有"阳光心态"[OL]. 光明网，[2016-04-25]. http://www.gmw.cn/01gmrb/2009-07/29/content_955166.htm.

易以一种抵抗的态势回应教师的教育和要求，面对学生的"屡教不改""桀骜不驯"，教师容易动怒并在言语上斥责和贬损学生。从这个角度来说，教师的语言暴力似乎是"可以理解"的。但"可以理解"并不代表教师语言暴力是正当的。作为教师，应从自身的职业要求角度，考虑说话的内容和方式，这是重要的教育影响。

语言暴力该停止

开篇提到的案例中,汪老师讥讽、侮辱性语言直接导致了丁某的死亡,悲剧带给家庭伤害,也引发我们深思,教师是否有权对学生实施语言暴力?

要回答教师能否对学生使用伤害性语言这个问题,需要回溯到教育的本质目的,并且清楚地认识教育活动中师生的地位。教育的本质目的是培养人,教师为教育学生所采用的各种手段,从根本上来说必须服从于培养人这个根本目的。教师对学生使用语言暴力,对学生的很多方面造成影响和伤害,所以它偏离了教育的根本目的,只达到了发泄教师情绪的目的,或者说只达到了管教的效果,但是不是真正促进了学生发展却是值得质疑的。此外,我们再来辨清教育活动中的师生地位。我们的传统文化尊师、敬师,但并不主张教师凌驾于学生之上。教师在许多方面比学生更成熟,因此可以对学生进行教育引导。但师生之间是平等的关系,都是教育教学活动中的主体,尤其是师生在人格尊严方面是平等的,教师不能因为年龄长于学生而不尊重学生的人格尊严权。

教师语言暴力不仅仅是道德问题,还是法律问题。我们还可以从相关的法律、教育法规中去明确对教师语言的相关规定。

《教师法》第三十七条规定了,体罚学生,经教育不改的或者品行不良、侮辱学生,影响恶劣的教师由所在学校、其他教育机构或者教育行政部门给予行政处分或者解聘，情节严重，构成犯罪的，依法追究刑事责任。辱骂学生也属于侮辱学生的行为，所以根据《教师法》，教师不应该对学生使用侮辱性的语言。

> 教师的声音占据着学校的绝大多数时间……声音可以是刺耳的或者温和的，高傲的或者谦虚的，贬低的或者鼓励的，漠然的或者关心的，令人压抑的或者令人振奋的，尖酸的或者愉快的，让人躁动的或者令人镇静的。
>
> ——范梅南

2006年修订的《未成年人保护法》规定："尊重未成年人的人格尊严。""学校、幼儿园、托儿所的教职员工应当尊重未成年人的人格尊严，不得对未成年人实施体罚、变相体罚或者其他侮辱人格尊严的行为。""学校、幼儿园、托儿所教职员工对未成年人实施体罚、变相体罚或者其他侮辱人格行为的，由其所在单位或者上级机关责令改正；情节严重的，依法给予处分。"教师对学生实施的语言暴力，有许多是侮辱学生人格尊严的，因而是不被法律所许可的。

2009年修订的《中小学班主任工作规定》第四章第十六条指出："班主任在日常教育教学管理中，有采取适当方式对学生进行批评教育的权利。"这是针对长期以来教师不敢"管"学生的现状而提出的，但这条规定赋予教师的是批评教育学生的权利，且要求教师采取"适当方式"来进行。这既赋予了教师批评教育学生的权利，又对教师这一权利进行了一定的规约——"适当方式"。而教师对学生所使用的侮辱性语言、谩骂讽刺等，显然不是"适当方式"。

2013年，教育部研究制定的《中小学教师违反职业道德行为处理办法》（征求意见稿）第四条规定：以侮辱、歧视、孤立等方式变相体罚学生，造成学生身心伤害的，视情节轻重分别给予相应处分。从这里可以看出，教师侮辱性语言，造成学生身心伤害，是属于违反职业道德的行为。

除了国家的法律法规对教师的语言行为作出很明确的规定之外，不少省市制定相应法律法规来规约教师的言语行为。例如，2010年修订的《浙江省未成年人保护条例》（草案）中规定："学校、幼儿园、托儿所、照管和保护未成年人的各类服务机构及其教职员工应当尊重未成年人的人格尊严，不得对未成年人实施体罚、变相体罚、辱骂或者其他侮辱人格的行为。"

所以说，从教育的本质目的、从师生在教育活动中的平等地位，以及从法律法规的规约来看，语言暴力应该是被禁止的。

老师，请嘴下留情

法律法规对于教师应该怎么做，给出了一般性、原则性的要求。但是，教育活动是复杂的，教师所面临的问题也是多种多样的。教师们往往有困惑，到底应该怎样"说"话，说轻了，起不到教育效果；说重了，怕学生承受不了。而不少教师对于自我的"语言暴力"也有反省。"'说老实话，我不否认曾对学生说过不太合适的话。有时心里真的很烦，常常是说完了又后悔，觉得对不起学生。我想，很多老师都不会是故意要说脏话侮辱学生的。我也知道既然从事了教师这个职业，就应当恪守职业道德，但有时真是想发泄。'在与记者交谈时，一位姓严的年轻教师语气里充满了自责和无奈。"[1] 教师应该如何"说"话，才能避免对学生造成的无形的，有时候是不可挽回的、严重的伤害？

1. 目中有人，口有遮掩

教师的语言与教师的教育观是密切联系的，从根本上来说，教师要做到目中有"人"。"人"是教育中最重要的因素，教师要真正把学生当作"人"

---

[1] 佚名. 老师，语言暴力会伤了孩子 [N/OL]. 检察日报，[2016-04-26]. http://www.jcrb.com/n1/jcrb894/ca470919.htm.

来对待，而不是当作可以随意支使或随意伤害的对象。首先，在人格尊严上，师生是平等的，教师不能因为年龄、地位的原因而认为自己高学生一等，可以忽视甚至践踏学生的尊严。教师语言要以不伤害学生为最基本的要求，尊重学生的人格尊严，平等对待学生，而不是"口出恶言"伤害学生。比如，在开篇提到的例子中，教师汪某没有尊重学生丁某的人格尊严，用侮辱性的语言当众批评、讽刺丁某，这对她是非常深的伤害。其次，要把握批评教育的根本目的——促进学生成长，在这一目的的指引之下，对学生进行教育。在对学生进行批评教育时，不能责骂、讽刺、挖苦等，要给学生指出正确的方向而不是发泄个人情绪。语言暴力的危害性就在于，它对学生心灵造成很深的伤害，却往往不能对学生的发展起到积极的指导作用；它只是表明了学生所存在的问题，却常常难以使学生明白改进的方向是怎样的。在开篇的案例中，汪老师批评丁某的语言，只是讽刺和贬损，并没有用恰当的语言提醒丁某应该往哪个方面去改进。汪老师不恰当地表达了自己的看法，却没有用语言对丁某进行积极的指引。

2. 把话说到学生心坎里

教育情境是复杂的，教师要不断反思，要机智灵活地处理教育问题。从教育技巧层面来说，为了避免由于教师"有意识"或"无意识"使用的语言对学生造成的伤害，教师需要"嘴下留情"，提高语言修养，讲究语言的艺术。

在教师语言中，有一些语言是教师应该禁止使用的，也就是"教师忌语"。教师要避免使用讽刺、挖苦学生的语言以及一些不文明的语言。比如："你怎么这么笨？""你有病呀是不是？""我看你是不可救药了！""我要是你我早就不活了！"……在开篇的案例中，汪老师说丁某"又矮、又丑、又肥"，没有就事论事，反倒用刻薄的语言描述丁某的外形，给丁某造成了伤害。对老师来说，有两类话是不应当说的。一是语言涉及家庭、父母，甚至带有讽刺或鄙视的口吻，比如："像你这样家庭出来的孩子没什么出息""你妈妈就是个下岗工人"……父母在孩子心目中的地位都是很高的，教师不应随意评价，更不应该用贬损性的语言进行评价，它会给学生带来自卑或伤自尊的感觉。另一类语言是对学生的本性下结论，诸如"像你这样的孩子天生就是笨蛋""你一辈子都不会有出息"……这样用语，对有的学生来说，可能会从此一蹶不振。而且他们被贴上的"笨""没有出息"等标签，也会成为其他同学看待他们的参照，这对于这些学生而言是非常不良的影响。

早在2000年，大连市36中学为建立民主和谐平等的师生关系，就开展了征集"教师忌语"活动，选出了最伤害学生的20句教师忌语，印发到每位教师手中。教师针对这些"忌语"的危害展开讨论，同时又征集了最有代表性的"教师寄语"和"教师规范用语"，提倡用规范用语代替教师忌语。如用"我看你挺有潜力，只要努力一定能学会！"代替"我看你啥也学不会，没出息"，用"请同学们安静！"代替"把嘴闭上！"等。[1]

（2015年9月）湖北省教育厅公布我省教师"十大美语、十条禁语"征集活动遴选结果，引导广大教师多讲"美语"、不说"禁语"，自觉规范职业行为。

十大禁语有：你不学可以，但不要影响其他人！就你事多，快点，我很忙！你父母是干啥的？没见过像你这样的学生！我真的受不了你了！我就

---

[1] 佚名."教师语言暴力违法"遭争议［OL］.法律快车，［2016-04-26］.http://www.lawtime.cn/info/minfa/minfadongtai/2009112146162_2.html.

知道,你改不了!你怎么越来越差了?不想听的可以睡觉!你要不想学就回去!我怎么一点都感觉不到你们年轻的朝气!

十大美语为:错了别怕,咱们再来一次!你是最棒的女孩!孩子,世界上总有一扇门为你而开!我相信你,你能做到的!过去不代表将来,相信自己一定可以!学生是你的孩子,也是我的孩子。教室是允许出错的地方。没有失败,只有暂时停止的成功。学习不怕起步晚,成才不怕起点低。宁可让你现在怨我一阵子,也不愿你今后恨我一辈子!

省教育厅教师处负责人表示,教师职业有很大的特殊性,教育对象是活生生的人,大部分是未成年人,在教学用语中一句真心的"良言"能激发学生内心的"小宇宙",产生无法估计的正能量;而无意中的一句"禁语"则可能摧毁学生的自信,影响孩子的一生。[1]

教师的语言暴力很多时候是在教师愤怒的情况下产生的,要避免语言暴力,就涉及教师怎么表达愤怒。教师也有各种情绪,教师因为学生表现不佳而有愤怒情绪是非常正常的。好老师也会生气,但好老师懂得怎样表达愤怒而不至于引起对学生的伤害。在开篇的案例中,汪老师没有很好地表达自己的情绪,而是用体罚、侮辱性语言来发泄情绪,这不仅没有起到教育效果,反倒导致生命的逝去。做一个好教师,就要善于恰当表达自己的情绪。在面对学生成长的问题的时候,要有耐心,不轻易发泄怒火;即使是在被激怒的情况下,也不口出恶言。我们来看看下面这位教师遇到生气的情况时怎样表达情绪。

这是一堂思想品德课,今天学习的内容是"礼貌显魅力"。这节课要使学生懂得什么是礼貌,也要学会做一个懂礼貌的人。我精心准备了教学内

---

[1] 罗欣,梁炜. 湖北教师十大禁语出炉 一句话或影响孩子一生[OL]. 荆楚网,[2016-04-26] cnhubei.com/xw/kj/201509/t3372984.shtml.

容，希望通过这堂课的教学使学生能够懂礼貌。

上课开始了，我在讲台上非常认真地讲课，学生却在台下窃窃私语。渐渐地，声音越来越大，说话的学生也越来越多。我一边控制课堂纪律一边继续讲课，希望能把精心准备的教学内容讲给学生。然而，课堂却似乎越来越不受控制。

面对这种情况，我很生气，我也思考着，我该怎么办。因为讲课内容经过精心准备，我想继续讲下去让学生能学到更多，但面对课堂上学生的表现，显然继续讲下去效果并不好。与其继续讲授内容，使学生懂得"礼貌"，不如就利用这个契机教会学生做个礼貌的人。

我压住怒火，停止了讲课。我用生气的口吻说道：今天这堂课是教"礼貌"，但你们在课堂上，在老师的多次提醒之下，仍然我行我素，这是不是有礼貌的表现？这节课是老师用心准备的，但你们不尊重老师的劳动，是不是有礼貌的表现？对于你们的行为，老师非常生气……①

这位教师以恰当的方式表达了自己的情绪，使学生知道教师的愤怒情绪，同时教师又利用这个时机对学生进行了教育，达到了思想品德教育的目的而没有拘泥于书本。试想，如果教师对同学发怒，用带着怒气的语言批评责骂学生，然后接着进行"礼貌"的教育，显然达不到教育效果。这种处理方式既有可能影响教师的形象，又达不到思想品德课堂教育的目的。当教师生气时，学生会特别注意听教师在讲什么。教师要克制自己辱骂的冲动，表达自己的感受和期待，就事论事。

---

① 一位教师教育实习经历的回忆。

3. 将阳光的一面对着学生

前面我们提到了，教师语言暴力的产生，有一部分原因在于教师的性格和心理方面的问题，使得教师面对学生成长的问题容易急躁，用简单粗暴的方式来处理，也容易对学生口出恶言。从理解的角度来说，教师也是人，人都可能产生不良情绪，有的不良情绪会被带到教学工作中来，也就难免会出现语言暴力现象。理解教师的行为产生的原因，却并不意味着教师可以放任自己的情绪蔓延。人在职场中，应当学会控制自我的情绪，修炼个性。尤其对于教师而言，一举一动都被学生看在眼里，一言一行都对学生产生影响，因此教师尤其需要修炼"内功"，学会调整情绪，以积极阳光的姿态面对学生。阳光心态，关键在于教师关注自己的心理健康，进行自我修炼。

温暖的力量：一言之善，贵于千金

分享三个案例，这对于教师学会正确运用语言，真有很好的启迪作用。

上课铃响过，杨老师迈着轻快的步子走进了初二某班的教室。他看到黑板上有一幅用彩色粉笔精心勾画的特别具有讽刺意味的漫画，画的正是他本人的脸，而且画得精准可笑。全班学生都默不作声，等待着杨老师的反应。只见他夸张地对着漫画东瞅瞅西看看，然后诚恳地说道："哎呀！这幅画画得太棒了，擦掉的话就太可惜了！我们不如先请画这幅画的大师把它描在纸上吧！我要向这位艺术界的天才致敬！"[①]

15岁的郑欣原本并不愿意学习弹钢琴，她一直应付着上课和练习的原因只不过是为了满足母亲那无聊的虚荣，每每家里有客人时，母亲总要让她弹几首曲子给客人听。最近换了新老师后，郑欣的态度发生了大幅度的转变。这让人好奇不已。

"我的前任音乐老师整天都凶巴巴的，她随时都好像要吃掉我一样。'你的心又跑到哪里去了？'是她的口头禅，'你的手怎么这么笨拙，如果不专心，你一辈子都学不来！'，她经常这样对我大吼大叫的。"

[①] 许瀚月. 中学教师批评学生口头用语的教育现象学研究[D]. 西南大学，2011：39.

"我的新老师却不同",郑欣继续谈到,"自从她来了以后,我进步还真不小,她让人觉得太不可思议了。我弹《梦中的婚礼》时,音符和拍子都错得厉害,她却对我说'你的弹法有独特的创意,很新颖,我很高兴你对这首曲子有全新的诠释。现在让我来示范一下这首曲子原本的弹法吧',接着她便坐在钢琴前弹正确的旋律给我听。我从来没有听到过如此温柔的批评,我想'这老师太棒了,我一定要更努力'。"①

初一四个班的学生为了排练下午的广播操比赛,下午的第一节课耽误了5分钟。看到学生们一个个汗流浃背、松松垮垮的模样,两位老师做出了两种不同的课前导入。

A老师:请同学们抓紧时间准备,(看看手表)已经上课5分钟了,如果这节课我们不能振作精神努力听讲的话,学习任务肯定完成不了。下面我们开始上课。

话音刚落,A老师按照设计好的课堂计划进行授课。课后,他反映,学生在这节课上不积极,不配合,走神的多,连平时受表扬的好学生也同样如此。他自然把这节课失败的原因算到了训练队列老师的头上,心情不快。

B老师:百闻不如一见,刚才看到大家在操场练习,一(2)班的广播操真是很棒的,我的眼睛让我坚信,下午的比赛你们会取得辉煌的成绩,为一(2)班争得荣誉,给班主任带来惊喜。(学生很高兴的样子)那么这节数学课大家能不能先给我一个惊喜呢?(学生:能——)好,请打开课本,下面,我们开始上课。②

---

① 许瀚月. 中学教师批评学生口头用语的教育现象学研究[D]. 西南大学,2011:39.
② 吴会群. 从案例看教师的语言[OL]. 新浪博客,[2016-04-26]. http://www.teacherclub.com.cn/tresearch/blog/showArticle.jsp?ArticleCode=320616396&CID=00049.

专题六　爱有界限

——中学教师与学生的情感关系

恋爱告白

我是一名高中女生，可我的英语成绩太差了。我讨厌英语课，也就躲着他——我们年轻的英语老师。谁知，新学期开学之初，他竟把我调到英语兴趣小组。从那时起，我不再觉得孤独。我基础差，他主动帮我补习；我发音不准，他给我借来磁带辅导；我用英语表达困难，他放弃休息帮我练习。

他为我付出了太多的时间、太多的真情。我进步了——英语成绩飞速提高。一下子越到班级前列。我高兴之余，心中充满了对他的无限崇敬与感激。渐渐地，他的形象占据了我的心。我觉得他就是真善美的化身。于是，我们一起谈理想，谈人生。

一次，我在作业本里给他夹了一封信，信中说：老师，我爱上了你，我知道不应该，但这是无法抗拒的事实，请你接受我这份纯真的爱吧，我会为你奉献出自己的一切的……

没想到，他把信退了回来，就像批改作业一样，在信的空白地方写了几句："应珍惜青春年华，好好学习，不要为一时的冲动造成终身遗憾，将来你定会有个好归宿的。"

我一看，心里茫然了，不知如何是好。他的话清楚明白，不会接受我的爱，但我无可救药地爱上他了。我曾无数次地想忘掉他，但是在清晨醒来之时，我还是无法面对现实：我只有拼命地读英语，就如喝下一杯杯毒药，我只有不停地喝下，让自己变得麻醉，才能缓解一个人独处时的痛苦。难道是我错了？我该怎么办？[①]

这是一名高中女生写给心理专家的信，希望求得帮助——她产生了对教师的爱，该怎么办。从这个女生的信可以看出，她因为教师对她学业上的尽心帮助而产生了对教师的爱慕，并直接向教师表白，但是她的表白遭到了教师的拒绝，教师鼓励她好好学习，未来会有好归宿。但显然，这个女生并没有因为教师的拒绝而放弃自己的感情，相反，她身陷在感情中不能自拔。很明显，高中女生陷入对教师的爱恋中。中学阶段的学生，对教师产生爱慕之情的，并不鲜见。在中学阶段，学生的感情逐渐萌发，显然会产生对异性的好感，而当这份感情投放到教师身上，就产生了恋师情节。在这个案例中，女生直白地向教师表白，但教师也显然直接拒绝了学生的表白。师生恋对学生有什么影响？案例中教师的处理方法是不是恰当？面对学生的爱慕之情，教师该怎么对待？

[①] 杨帆.情爱情感真情告白[M].广州：羊城晚报出版社，2003：4.

为何恋上教师？

师生恋是一个颇有争议性的话题。师生恋是一种教师与学生之间的爱恋关系，有的师生恋是学生恋上教师，有的师生恋是教师恋上学生，大多表现为学生对教师的爱恋。相对于小学阶段而言，师生恋问题在中学阶段表现得更为突出。

1. 教师魅力吸引学生恋上教师

学生产生对教师的爱恋，原因之一是教师具有的某些特点或魅力，吸引了正处于青春期的中学生。在学校生活中，中学生除了和同学朝夕相处，接触最多的莫过于教师了。教师的学识、风度、谈吐，常常会使学生十分崇拜；教师对学生耐心的帮助和关怀，又会使学生感觉十分温暖。教师在中学生心中占有特殊的位置。部分学生会产生对教师的欣赏、爱慕之情。所以，能被学生喜欢或爱恋的教师，有独特的特质或优秀的品质吸引了学生。青春期的学生容易对异性产生朦胧的情感，有的学生会将对教师的好感埋藏心底，而有的学生则可能陷入这种感情中不能自拔。开篇案例中，女生恋上英语教师，是源于这位年轻的英语老师对她的学习能力的信任，并主动帮她补习，给她借来学习材料，放弃休息帮她练习英语等等，教师的细心付出，让学生对教师产生了好感，充满了对教师的崇敬和感激，逐渐让教师占据心灵，并且越发感觉到教师的形象的完美和高大，陷入对教师的爱恋中。这是一位负责任的教师，教师的优秀品质吸引了学生，而在教师自身不自觉的情况下，引发了学生对他的爱慕之情。从下面这几个学生的困惑也可以看出，是教师的魅力吸引了学生。

韩某（16岁）：

新来的实习老师欧阳把我镇住了。他1.82米的个子，有着格里高利·派克的容貌，说话声音比赵忠祥还好听。回头看班里的女孩子，望着他时个个眼睛里亮晶晶的。我好想对他说："我真的好爱你！"

郝某（16岁）：

我的英语成绩一直在班里处于下游，温柔秀美的英语老师每天单独开小灶为我补课，让我的成绩突飞猛进。与老师单独接触的时间长了，我不知不觉从内心喜欢上自己的英语老师。喜欢老师微笑时翘起的嘴巴，喜欢她披散的长发散发出的阵阵清香。后来有一天我突然听到老师要结婚的消息，顿时感觉如雷轰顶。[①]

2. 中学生性心理发展特点引发牛犊恋情

除去教师的某些特质是导致学生恋上教师的原因，中学生所处的特定性心理发展阶段是引发师生恋的最直接原因。中学阶段的学生处于青春期，是性心理发育的关键时期，会产生对异性的爱慕，这也就是中学生中恋爱现象比较多的原因，但部分中学生的爱慕对象并不是同龄人，而是比他们年

---

① 徐宪江.青春期44堂心理课[M].北京：中国长安出版社，2008：105.

长的教师，产生了恋师情节。"从性心理发展的角度来分析，青春期复杂的性意识心理发展过程一般分为四个时期：第一个时期是'性的反感期'，也有的称之为'三八线时期'，表现出对异性的冷淡、粗暴、回避和疏远。经历半年至一年这种较短暂的'性的反感期'以后，即进入第二个时期，即'向往年长者时期'。这一时期的少男少女对同龄异性不感兴趣，而迷恋崇拜年长的异性，特别是一些才华横溢、卓有成就、潇洒倜傥的年长者。因此，也有人将这一时期称为'英雄崇拜''牛犊恋''小犬之恋'等。这种迷恋一般在一二年内会逐渐消失，过渡到把同龄异性作为向往对象，从而进入第三个时期，即对异性的'狂热时期'和第四个时期——'浪漫的恋爱时期'。"[1]可见，恋师情节是中学生性心理发展阶段中的正常现象，但需要得到妥善的引导。

拓展阅读

师生恋：像牛犊一样行走的人

你见过田野里耕种的母牛吗？日落西山的时候，小牛犊总是依靠着母牛的身边行走，它们依偎着母牛妈妈，一步也不离开，仿佛那里就是它的整个世界，仿佛生存因此而变得安全。[2]

---

[1] 钱焕琦.性道德修养：教师职业道德的重要内容[J].思想·理论·教育，2004(9).
[2] 管健，李百珍.探索少男少女的秘密[M].北京：科学普及出版社，2006：114.

3. 中学生社会心理发展特点促发恋师情结

中学生渴望得到关注。中学生心理发展处于"断乳期"。处于青春期的中学生独立意识变得强烈，期望摆脱父母的卵翼。由于亲子之间的代沟，中学生与父母的沟通交流也越来越少。中学生在发展中面临着独立与依赖的矛盾，一方面他们摆脱父母的过分关爱，渴望独立，渴望证明自己有独立的能力，去自由实现自己的梦想；但另一方面他们的能力、条件还不能使他们摆脱父母的呵护，他们在各方面还需要父母的帮助。这种独立与依赖的矛盾，使得他们渴望理解与帮助。中学生的生活范围主要是家庭与校园，他们环顾自身的生活范围，与自己朝夕相处、关爱关心自己成长、传道解惑的老师，有阅历、有才华、有智慧，充满成熟之美，很容易地占据了他们的心灵。当教师主动接近他们，做他们的知心朋友，发现他们的闪光之点，积极鼓励和热切期待他们的进步与成绩，这些渴望被关注的学生就容易发生一些心理变化，在他们的内心深处，教师似乎成为他们生命旅程中重要阶段的思想"明灯"和情感"支柱"。他们逐渐感觉到，只有教师才能真正理解自己，关心自己，对教师的情感越来越深。开篇案例中，高中女生之所以会恋上教师，就是因为教师对她的学业进步给予了较多的帮助，二人的接触较多，而教师的渊博的知识、耐心的态度，给女生留下了很深的印象，女生不知不觉倾慕起教师。

中学生人际交往障碍也容易引发恋师情结。中学生的人际交往主要包括亲子交往、同伴交往以及师生交往，亲子之间、同伴之间的不良交往关系，如果在师生交往中得到补偿，学生也容易产生对教师的过度依恋，形成恋师情结。在亲子交往方面，处于青春期的学生的不良心理特点主要有青春期闭锁心理、逆反心理等，造成亲子交往的代沟，甚至可能引发亲子冲突。而当他们面对教师的时候，教师了解学生心理特点，循循善诱，学生感受到被理解、被尊重，向成年人所竖起的"藩篱"或"屏障"消除了，对教师的好感也油然而生。在同伴关系中，一些学生由于受到过度的宠爱，社会化能力弱化，缺乏与他人友好交往的能力。再加上身心各方面急速发展，理性分辨力较差，而自尊心又往往较强，常常因"好面子"而出现所谓的"交际恐惧症""交际障碍"。这一时期，如果教师关注这些渴望与同伴交往却又不会交往的学生，排解、疏化他们紧张焦虑的心态与情境，设法点拨、提振他们正常与人交往的精神和信心以及提供某些必要和重要的交往手段与技巧，这些学生也会产生对教师的信任、佩服之情，部分学生甚至因此形成了对教师的依恋。

爱的禁忌

"你知道爱一个人是什么感觉吗？我所爱的人碰巧才 17 岁而已，就因为这样，我就要被当成罪犯对待吗？"

这是日本电视剧《魔女之条件》的台词。讲述的是女老师未知在凛冽的清晨和一个男生相撞，而这就成为他们情感的开始。但两人的相爱遭到了学校、男孩母亲、女老师男友，甚至社会法律的阻碍。这句台词也引发我们思考，师生之间真的不能恋爱吗？

有不少影视或文学作品涉及师生恋的主题。例如，琼瑶的小说《窗外》，描写的是中学女孩江雁容爱上了语文老师，老师由原先的疑惑、拒绝，到后来的接受和投入。临近高考的学生和已婚的老师之间的这种情感关系，是一场面临家庭和道德非议的恋爱。瑞典电影《教室别恋》，塑造的是 37 岁的女教师和 15 岁的男学生之间的情感关系，两人完全沉浸在情欲的感官刺激中。日本电影《近距离爱恋》也描绘了中学男教师与女学生的情感爱恋。大多数人能够接受小说或影视作品中演绎的师生恋，但对于发生在自己身边的就颇有争议。尽管曾有一些师生恋的佳话，例如，鲁迅与许广平、沈从文和张兆和等。

师生恋在小学阶段发生的比例偏低。如果在大学里发生了正常的师生恋，因为都是成年人，一般不会涉及法律问题。唯独中学里的"师生恋"恐怕在许多国家都是禁忌。在中学阶段，师生恋有违教师职业道德，教师应与学生保持必要的界限。

据台湾媒体报道（2014年），台湾新北市一名15岁初中三年级男学生，爱慕刚分配到学校教数学的女老师，通过脸书传情告白后，发生两次性关系；虽然男学生家长获悉后没提告，但新北地检署根据校方的告发调查，确认女老师与未成年男学生发生性关系，依妨害性自主罪嫌起诉。[1]

中学生对教师的爱恋有盲目性、冲动性的特点。学生对教师的爱恋，可能只是暂时的，也可能是长久的。在学生对教师的爱恋中，存在着学生和教师两个主体。学生是未成年人，对异性的爱慕是其性心理发展的正常过程。教师是成年人，有成熟的意识和能力。所以，在对待师生恋问题上，需要教师把握好方向。

教师应有对学生的关爱，但面对学生的恋师情结，教师应该保持与学生必要的界限，不使之发展为师生之恋。这是由师生的心理发展成熟度、双方的教育地位关系以及教师职业的特点决定的。

从师生的心理发展成熟度来看，中学生作为未成年人，心理发展还不成熟，社会阅历也有限，思想和情感尚处于不成熟的阶段，仅仅是因为教师的某些特点而对教师产生了爱慕之情。这种情感不是建基于对对方的全面了解，以及在自身心智成熟的基础上发展的情感。相比较而言，教师心理发展更为成熟，有较为丰富的阅历，知道学生对教师的爱恋是中学生心理发展的一个阶段。因此，教师应从成年人的角度为学生的长远发展着想，拒绝学生

---

[1] 佚名. 初三男生恋上女教师发生关系 女教师被起诉［OL］. 新浪教育，［2016-04-26］. http://edu.sina.com.cn/zhongkao/2014-08-23/1112431569.shtml.

的情感表达，引导学生的情感积极发展。

从师生双方的地位关系来看，师生之间在实质上存在一些不平等的关系。学生作为未成年人，在许多方面需要得到成年人的指引，所以在一定程度上，教师在教育活动中处于支配地位，学生处于被支配的地位。为了确保教育活动的顺利进展，教师对于学生拥有一定的控制和管理权，如班主任掌握奖励、处分、成绩评判的权力等。师生之间地位事实上的不平等，要求教师不滥用自身所拥有的权力，在对待学生的时候能一视同仁，不偏心偏颇。而如果师生之间产生了恋爱关系，由于情感的卷入，很容易导致教师在教育过程中的不公正，容易导致教师对自己所拥有的教育资源的滥用，比如对某个学生给予更多的奖励等。从伦理学角度来说，当私人情感和公共场所的工作要求结合在一起，就可能会产生违背公共伦理、职场伦理的事件。这种情况在事实上实际违背了交往中的公平原则。所以，师生之间的教育地位事实上存在的不平等，决定了教师必须克制对学生的感情，拒绝学生的爱情。本文开篇的案例中，英语教师对女生的感情表达，很明确地表示了拒绝。这是一个教师应该保持的与学生的界限。

从教师职业的特点看，教师是学生的榜样，教师在教育教学活动中应展现出良好的道德修养，以对学生产生正面影响。中学师生之间发生恋爱关系，不仅可能出现教育不公正，而且这种恋爱关系可能会使学生对教师的道德品行产生负面评价，认为教师职业道德低下。与未成年的学生发生恋爱关系，教师的道德威信会下降，学生也就不那么信服教师的教育了。

国外对于师生恋也有很严格的要求。以美国为例。

在美国，有38个州的校董事会有权依照法令基于不道德行为的直接指控而解雇一名教师，在解雇法律中还没有任何其他指控能被应用得如此广泛……虽然美国立法机关已选择采用"不道德行为"作为解雇的依据，但他们不愿解释该项条款或者讨论它在具体行为中的应用。因此，只能由司法系统对"不道德行为"进行解释并讨论其具体应用……对相关案件的调查表明，基于不道德行为被解雇的原因有以下几种：

1. 师生恋的不良行为；

2. 与非学生间的不良异性恋行为；

3. 同性恋；

4. 与学生间的非关于性的不良行为；

5. 体罚学生；

6. 课堂讨论或使用的教参涉及性方面内容；

7. 使用亵渎性语言；

8. 有吸毒的不良行为；

9. 有酗酒的不良行为；

10. 其他犯罪的不良行为；

11. 盗用公款；

12. 欺诈；

13. 撒谎。

教师不可以做出师生恋的不良行为，如果有这种不良行为发生，将教师赶出课堂也是合理的。用于解雇依据的不道德行为的分类中没有一项会像师生恋的不良行为那样，在法院的裁决中得到如此一致的认可。1973年华盛顿的一所法院认为，在一个地区内，没有比教师与未成年学生间的不良性行为更能清楚地证实董事会的解雇决定是正当的。该州1982年的一个裁决声称，与学生间的不良性行为对师生关系造成了潜在的危害。①

---

① 陈伯礼，等. 美国公立学校聘任中的法律问题［M］. 哈尔滨：黑龙江人民出版社，2002：140-142.

美国曾发生了一起轰动全国的师生恋的案子。小学教师玛丽·雷图诺和比她小21岁的小学5年级学生佛罗相恋并怀孕生子。当时法官判处女教师玛丽性侵犯、诱使儿童发生性关系等罪名，判处入狱7年，并不准她与小男孩接触。直到玛丽刑满释放，22岁的男孩依旧在等她，两人终成眷属。从这个过程看两人确实有感情。但是即便两人之间有感情，碍于美国不准师生恋以及保护未成年人法，玛丽还是难逃牢狱之灾，她的教师工作也被除名。①

拓展阅读

在日本，只要学生一方未成年，这种师生恋就是绝对不被允许的。一旦出现这种情况，教师多数面临被开除甚至今后不能再从事教育事业的惩罚，甚至还要吃官司，学生也往往会受到处分和教育。②日本青少年健全育成条例规定，凡对未满18岁的青少年有猥亵行为的要判两年以下徒刑，罚款100万日元。而猥亵和恋爱的划分基本上凭当事人的证词，而且猥亵罪是没有时效的。曾有14年后被当年"恋"的学生以猥亵罪告到教育委员会的老师，受到了惩戒免职的处分。③

师生恋在阿根廷被定义为是禁忌之恋，如果一位老师在学校里和学生谈起了恋爱，会被视为没有职业道德的行为。如果学生还未成年，那

---

① 石四维. 走进禁区：家长与孩子谈性 [M]. 上海：上海科学技术文献出版社，2006：294-295.
② 朱超. 日本："师生恋"是不敢触碰的雷区 [OL]. 新华网，[2016-04-26]. http://japan.xinhuanet.com/2014-08/11/c_133547104.htm.
③ 佚名. 师生恋 这世界有无底线？[OL]. 网易新闻，[2016-04-26]. http://news.163.com/14/1105/04/AA8QLGI400014AED.html.

么这种行为就是一种犯罪，老师会被解聘，并且很难再找到教育方面的工作岗位。而性骚扰学生则是不折不扣的罪刑。

在德国，虽然没有专门的法律明确禁止师生恋，尤其是大学生和教授之间，法律不会去干涉两个成人之间感情上的自由，但是师生之间的所谓恋情或者是类似的超越授业和学习之间的关系，不仅会受到道德的谴责，也会违反教师职业准则。比如说利益回避原则，学生与教师之间的恋情可能会给自己带来学业上的利益，那么这对于其他学生来说是一种不公平的竞争，对此很多学校都有自己的规章制度，并且据此对当事人进行相应的处理。德国没有专门的师范院校，教师都是普通大学生毕业后再去接受专门的教师培训，考试通过之后才能成为一名教师。而在培训中就有专门针对师生关系的内容，比如说哪些行为是在正常的师生关系范围之内，哪些是应当避免和禁止逾越的底线等等。随着教师队伍的年轻化以及日益早熟的学生，师生关系在德国也是一个不容忽视的问题，师生恋以及其他不正当关系的事件也是屡见报端，其中最受关注的当属2012年汉堡一名46岁的男教师与一名14岁女学生的超越师生关系的丑闻，该名教师最终被送上了法庭，受到了法律的制裁。为了更好地规范教师行业标准，保护未成年学生免受侵害，甚至有机构在联邦议会中呼吁，尽快起草专门的法律，禁止教师与学生发生性行为。[1]

---

[1] 佚名. 国外对待"师生恋": 在阿根廷是禁忌或构成犯罪[OL]. 凤凰教育, [2016-04-26]. http://edu.ifeng.com/a/20141013/40834760_0.shtml.

让师生关系成为人生的阳光

师生恋、恋师情结并不是当前学校生活中的普遍状态,但也不能轻易认为是"可以随意忽视的个别事例",因为师生之间的关系是学生成长中非常重要的一种关系,它关系到学生今后的心理及与人交往问题,关系到学生今后能否全面健康地成长发展这一重大教育问题,因而必须认真对待。良好的师生关系有助于学生积极情绪的形成,良好的师生关系也是师生双方教学生涯中美好的经历和回忆。因此,应该发展师生之间积极的、健康的人际关系。但是,恋师情结有可能给学生的成长蒙上一层阴影。例如我们前文举到的例子中,学生这样描述自己恋上老师的心理苦楚:"我曾无数次地想忘掉他,但是在清晨醒来之时,我还是无法面对现实:我只有拼命地读英语,就如喝下一杯杯毒药,我只有不停地喝下,让自己变得麻醉,才能缓解一个人独处时的痛苦。"

"苏联著名教育家苏霍姆林斯基曾说:要使年轻一代正确对待爱情和婚姻关系,关键在于学校教育。从道德上培养爱情婚姻,为生儿育女、当母亲做父亲作准备,这是学校对人的个人幸福的关怀,而我们在创造着每一个人的幸福时,也就在创造社会的普遍幸福。"[1]

---

[1] 钱焕琦.性道德修养:教师职业道德的重要内容[J].思想·理论·教育,2004(9).

面对学生的爱恋，教师该如何作为才能使师生关系成为师生双方人生中的阳光？

1. 正视问题——它不是洪水猛兽

中学生的早恋常常被教师、家长视为洪水猛兽，师生之恋也如是。教师应当了解中学生心理发展的特点，当学生产生了恋师情结，无需诧异，知道这是学生心理成长的自然阶段，只是这个阶段需要得到恰当的指引才不至于误入歧途。但有的教师容易认为学生产生恋师情结就是不务正业，完全不顾及学生的情感和情面进行错误的教育。例如下面这个案例中教师的做法就有失偏颇。

一位男学生在日记里写道：我喜欢上了我们新来的英语老师。她刚大学毕业，喜欢扎马尾辫，说话很温柔。记得开学上第一堂英语课时，她走进教室，很清纯阳光，我眼睛一亮，脸突然红了起来。那时候我特别害羞，不敢正面多看她一眼，但每次偷眼瞄她时总感到她那双会说话的眼睛火辣辣地看着我。那堂课，我脑袋晕乎乎的，不知道她在讲些什么，我认为我爱上了老师。每次上英语课，我都目不转睛，注意力全放在老师身上，她的一颦一蹙在我看来都是那样的迷人。有时候她有些不高兴，我就猜想她遇到麻烦事，暗暗替她忧伤。

后来，班主任看到了这篇日记，大为震怒。他不仅把学生叫到办公室狠狠批评了一顿，还把这件事告诉了孩子的家长。班主任又提醒英语老师，一定要冷落这位学生。面对众人的指责、老师的冷落、同学异样的眼光，学生感情受到很大的伤害，整天萎靡不振。[1]

---

[1] 李军鹏，代贝.优秀班主任八项修炼[M].南京：江苏教育出版社，2006：199.

在开篇的案例中，教师面对学生的恋爱告白，是这样做的："把信退了回来，就像批改作业一样，在信的空白地方写了几句：'应珍惜青春年华，好好学习，不要为一时的冲动造成终身遗憾，将来你定会有个好归宿的。'"这位教师不是公开化地处理，既正面表明了态度，又顾及了学生的感受。处于青春期的学生，他们的情感本身并无错误，而是心理发展的自然阶段，教师要善待学生的情感，不可鄙视、漠视或批评学生。而应学会从学生的角度看问题，考虑学生的情感接受度，正面、妥善地拒绝学生的情感，积极恰当地引导学生的情感发展。

2. 正视自我——端正品行

教师的魅力是引发学生的恋师情结的重要因素。这样的教师大多数是教育教学工作负责的教师，也是受学生欢迎的教师。教师有一些好的品质吸引了学生，例如关心帮助学生，倾听学生心声，教学很出色等等。不论是否收到学生的恋爱告白，是否知晓学生对自己的情愫，都应当注意自身的品行，遵守教师职业道德规范，并给学生树立良好的道德榜样。

在日常工作中，教师适当减少与学生的独处，尤其是在私密空间的独处。在引导、鼓励学生，与学生谈话的时候，谈话的内容和方式尽量淡化个人色彩，以减少学生对教师个人的情感依恋。此外，面对学生成长中的问题，尽量多给予学生与其他教师、同学的交流机会。

当知晓或接收到学生的恋爱告白的时候，教师态度要端正，不应"享受"这份爱恋，也不能有意回避，更不能无情打击。产生恋师情结的学生，相信或依恋教师，但通常都是情感较为敏感或脆弱。教师应尊重学生，善待学生的情感，既要让学生感受到教师一如既往地关注他，又要引导学生适当转移交往的注意力和着重点。教师如何理智拒绝，又能如何保护好学生的自尊心，以下这个案例可以给人一些启发。

一位高三女生曾写信给孙云晓（现为中国青少年研究中心副主任），说她爱上了自己的语文老师。虽然老师的年龄和她相差悬殊，但是仍然决定放弃高考，与老师生活在一起。她一直觉得，语文老师对她很好，给过她许多关怀和鼓励，使她对生活增添了信心和力量，并因此取得了优异的学习成绩。她在最后下定决心之前，写信给孙云晓，想听听他的看法。

孙云晓给她写了回信。其中这样写道："……我相信你的感情是纯洁而高尚的。在古今中外曾发生过许多师生恋的动人故事。但是，我不赞成你匆忙之间做出如此重大的决定。生活是一片蓝天，你是一只小鸟，小鸟只有飞上蓝天，才知道这世界多么辽阔。因此，我建议你全身心投入高考的奋斗，出去闯荡一番。假如，在辽阔的世界中闯荡之后，你还认为这位语文老师是你最好的选择，我就支持你嫁给他！我为什么这样说呢？根据许多人的经验，中学生谈恋爱的成功率相当低。原因也许有几个方面，如社会经验不足、视野狭窄、情感容易冲动等等。你如果放弃了高考，过早地趴在安乐窝（也不一定安乐）里，将来可能后悔莫及……"

收到孙云晓的回信，这位高三女生逐渐冷静下来，接受了他的建议，全身心地投入高考，终于如愿以偿地进入了大学。后来，她还继续与孙云晓保持联系。信上谈到了她在大学里的新鲜感受，谈到了对未来的美好憧憬，只是很少谈及家乡的语文老师。大学毕业后，她有了自己幸福的归宿，但不是和那位语文老师，而是一位大学同学。[1]

---

[1] 傅增文.高中生自我教育［M］.北京：中国社会出版社，2000：335.

3. 对青春期的中学生进行有效教育

处于青春期的中学生在亲子交往、师生交往、同伴交往方面都有可能会遇到交往障碍。例如，一部分学生向家长关闭了心门，不与家长交流，心理闭锁、逆反等，一部分学生可能在同伴交往中缺乏与他人友好交往的能力，等等。教师应引导学生多与他人交往，发展学生积极的人际关系，从而减少学生与某个教师的长期、单独交往，并通过发展多方面的交往关系，打开丰富的生活世界，避免沉浸在恋师情结之中。而且通过良好的人际交往，学生能发现多样的品质的魅力，而不是为某个教师的特质所着迷。例如，引导学生理解家长，学会正确处理亲子冲突；引导学生欣赏不同的教师，缩短或拉近学生与其他教师之间的距离；引导学生与同学积极交往，懂得交往的礼仪，通过交往了解同学的性格与为人，感受并拥有同伴间的真情与友谊。

教师应对中学生进行青春期的心理发展教育，使学生认识到自身心理发展的特点，当他们产生了恋师情结的时候，懂得这种情感的自然性，不至于为这份情感自责；了解恋师情结的不良影响，不至于沉迷于其中不能自拔。

温暖的力量：我让学生"看"爱情

分享一则教育故事：

我第一次当班主任时，热情真诚、活泼开朗，简直就是电影《一个也不能少》里的魏敏芝。

一天夜里，上完自习，我发现自己的书落在讲台上了。返回教室时，走廊里一片漆黑，我摸索着掏出钥匙，准备打开教室门，没想到手中的卷子散了一地，我去捡卷子，钥匙又掉进一片黑暗中……这时，从黑暗中冒出一个人影来，吓得我缩到墙角，不敢吭声，"黑影"镇定地走到我面前，把钥匙放到我手中，随即传来一个充满青春气息的声音"老师……"，我仔细辨认，是班上的男生小田。突然，小田伸出手，放到我的额前，轻轻地捋了捋我散乱的头发，"老师，我帮你开门"，然后转身镇定而利落地把教室门打开，然而就是这个"捋头发"的动作，顿时让我这个老师傻了眼，红了脸，出了一身汗，我慌乱地拿了书走了……

以后上课，小田的眼睛简直就是两团青春的火焰，我清楚地知道，他是把我当成了幻想中的"女性偶像"。怎么办？如何引导、教育自己的学生不要"爱"自己？从来没有哪本书里说过，也没有哪位教育大家和前辈提过。引导、教育得不好，会适得其反；任其发展，又会害了这个孩子。这个问题我又不能向学校汇报，于是，我居然选择了逃避……

很快,我以自己班主任经验不足为由,申请从起始年级重新带一个班,我想随着我的消失,一切都会好起来。

然而我错了。几个月后,我在教学楼的台阶上撞见这个孩子,他嘴唇苍白,脸色蜡黄,眼睛一动不动地盯着我,把一个纸条塞给我跑了。我一看,是泰戈尔的一首诗:

世界上最遥远的距离/不是生与死/而是我就站在你面前/你却不知道我爱你……

我连忙向他的新班主任打听他的近况。老师叹口气说,他成天像个病人似的,不参加班级的任何活动,成绩也下降得厉害。我这才意识到问题的严重性。一个老师怎能选择舍弃正面教育,一味侧面回避呢?如果继续这样下去,就是我这个老师的严重失职!

我把小田带到我家。刚进家门,小田就看见我家墙上挂着一副巨大的黑白照片,照片上是一幢拆迁了一半的学生楼,未拆的一半孤独地立在那里,与断壁残垣呼应着,岌岌可危。我为什么把这样一幅照片放在显眼的位置?小田显然产生了兴趣。

我告诉他,我和丈夫刚结婚时就住在这里。我是中学教师,丈夫是大学教师,那时教师的住房非常紧张,我们只好住在学生楼里,公用洗手间里污垢横流,但我们常常互相安慰:斯是陋室,惟吾德馨!后来,这幢学生楼要拆迁了,所有的学生都搬走了,可我们还没有找到住处,我们蜷伏在这废墟中,感到孤独和恐惧。夜里断电了,一块巨大的石头从房顶上砸下来,差点砸在我身上。我常常梦见一只蜗牛悄悄地爬上树干,一只蝴蝶翩翩地飞向花丛,世间万物都有他们的家啊,我们也一定会有的。过了一年,我的住房问题解决了。

我告诉小田,这张照片上的拆迁房就是我和丈夫爱情的见证:爱情就像这房子，它不是海市蜃楼，而是平淡甚至艰难的生活；生活就是这房子，很多时候是残缺破损的，要用相互的搀扶和坚强的毅力去修复它。就像舒婷的那首诗："我们分担寒潮、风雨、霹雳；我们共享雾霭、流岚、虹霓。仿佛永远分离，却又终身相依。"这才是真正的爱情，你想过这些吗？小田摇摇头，但眼里闪烁着晶莹的光芒。

我又把小田带进里屋。一位干瘦的老头坐在屋角，我告诉小田，这是我丈夫的父亲，因为中风而半身不遂。我每天的生活就是早晨天不亮，把3岁的儿子送到幼儿园，然后赶往学校上早读，中午赶回家给老人买菜做饭，再匆匆地赶回学校，下午将儿子接回家，还要赶回学校上晚自习，晚自习上完后，迈着沉重的脚步回家，扶着中风的老人到附近的医院做理疗。我就像钟摆上了发条，有节奏、有规律地运动，不能有任何时差，永远停不下来！是爱情让我如此坚强，爱情不仅仅是甜言蜜语，更重要的是责任。我接受了我的丈夫，就要接受他的一切，你明白吗？小田没有点头，但我从他的眼里看到了震惊。

第一次与自己的学生直面爱情观，让我有些脸红。我喝了一口水，坚持说下去：孩子，爱情不是幻想，而是真实生活的点点滴滴，你在接受快乐与幸福的同时，就必须接受苦难与责任。而你还太小，无法独立生活，也就无法体会责任，更无法承担责任。因此你的感情虽然纯真美好，但仅仅是对异性的好奇与好感，不是真正的爱情。你必须好好地把握好现在，去创造属于你的未来，你才会赢得真正属于你的爱情！

小田没有点头，但我看见他流下了眼泪。①

---

① 佚名. 我让学生"看"爱情［OL］. 第二教育网，［2016-04-26］. http://www.dearedu.com/news/2005-11-18/n885.html.

专题七 戮力齐心
——中学教师的团队合作

该不该告诉

田伟老师是一个聪明、善于学习和思考的数学老师，十多年的教学使他对高中的课堂教学有着丰富的经验，设计了很多破解学生理解难点的教学方法，自编了很多好的课件、练习题，所教班级的成绩也比较出众。每当同年级的备课组活动时组长就想让他介绍一下，但他总说没什么，讨论时也很少发言，对组里共同出的题他经常不用，却给自己班单独印练习题。有时当有老师上课回来说起有的地方怎么讲学生都不明白时，他就说你应该这样、这样，做一个什么、什么的课件就行了。等老师再追问下去他却又说我瞎说，我也没做出来呢。渐渐地同组的老师很少与他交流，认为他保守，不想告诉大家，害怕别人超过他。备课组长认为大家只有同心协力，聚集体的力量才能取得好成绩。况且学校考核奖励教师也不以每个老师所教班级的成绩好坏来衡量，而是以整个年级的成绩来衡量，如能把他的很多好的设计、好的课件、好的习题惠及每个老师，其实也是惠及了每个学生。对他、对备课组、对学校都好。但自己说服不了他，于是备课组长找到了学校，希望学校做做他的工作，还说可以让他当备课组长。校长找来田老师了解情况，想先听听他的想法。田老师觉得好的课件、好的习题是他精心琢磨出来的，是有知识产权的。另外，他觉得有的老师自己不动脑子光想从别人那拿现成的，而每个班情况不同不能照搬。[①]

　　田老师是一个努力、用心的老师，针对学生的特点研究教学内容和教学方法。其他老师出于提高全部学生的学习的考虑，希望能分享田老师的经验和资料，但田老师认为这是自己的知识产权，不和其他老师分享。这其实在提示我们思考教师之间究竟应该是一种什么样的工作关系。教师是否应该和他人分享自己的经验，教师应该如何与其他同事共同合作？案例中的田老师没有很好地处理好教师之间的合作关系。

---

① 王淑芹，等.教师职业道德新编[M].北京：高等教育出版社，2015.

"孤独"的教师

教师是孤独的吗？从表面上看，教师生活在校园中，课堂上与充满朝气的学生相处，课后与领导、同事、部分学生或家长相处，一直处在人际交往的活动中，怎么会是孤独的呢？但教师又确实是孤独的。在课堂上的位置和身份，导致和学生之间存在一定的隔膜，在学校里与其他老师也很隔离，正如有的教师说的："在办公室或教师休息室，除了寒暄以外，我们从不谈自己班级里的事情。我们不想让他人知道我们的问题，因为我们害怕他们认为我们是不称职的教师。"这段话从一个方面说出了教师为什么不与其他教师深入交谈，同时也反映出了教师工作的一种状态：孤独。教师之间缺乏职业上的真正合作。

教师"单打独斗"，不与其他教师合作的现象，既存在于任教相同科目的教师之间，也存在于任教不同科目的教师之间。承担同一学科教学任务的教师不合作的现象，正如开篇案例中提到的，田老师的优秀教学资料不分享给同学科的其他教师。不同学科教师之间缺乏深入的交流与合作，教师往往认为，自己所教的科目和其他老师所教的科目内容不同，没有什么可以合作的。所以教师们容易固守在自己的学科中。

教师之间缺乏合作还有一个非常明显的现象是——各科教师与班主任之间缺乏合作。目前，在班级管理、学生德育方面，出现了学科教师和班主任的责任分野的情况。学生品德问题、成长发展的各种问题，多数是交由班主任来处理。科任教师往往将自己置身事外，认为自己只要教好所教科目就可以了。所以我们在中学往往听到科任教师对班主任说"班级纪律太差了，班主任维持一下吧""某个学生品德有问题，班主任要做好他的教育工作"等等诸如此类的话。长期在这种责任分配模式下，班主任也形成了一种意识，认为学生管理工作应该由自己完成，所以班主任经常主动承担学生管理工作，遇到学生成长发展的问题，不主动寻求其他科任教师的合作。

"孤独"来自何方

教师之间不合作，主要可以从教师、学校、社会等层面来寻找原因。

首先，从教师自身的特点来看。案例中的田老师认为，自己的教学资料是精心琢磨的，看不惯其他老师不动脑筋照搬的做法，而且考虑到班级情况不同，所以不愿意分享。确实，教师的劳动具有较强的个体性和创造性，教学准备是教师个人在较为独立的空间中进行的自主创造，要求教师充分发挥个人的能力。不同教师生活背景、家庭情况、受教育程度、性格、兴趣爱好等方面的不同，造成了教师之间个性、教学方法和教学风格等方面存在着差异，必然会影响到教师对事物的看法和处理问题的方式。有的教师十分珍视自己的劳动成果，不愿与他人分享；有的教师习惯于自我的教学风格，不容易接受他人的理念和思路。这就造成了教师之间相互的独立性，缺乏合作。

其次，学校制度也影响了教师的合作热情与合作能力。从隐性层面看，一所学校是否形成了合作的文化和氛围，会影响到教师是否有合作自觉意识。从显性层面看，学校的制度，尤其是学校的评价制度最直接影响到教师的合作意识和合作能力。现代社会的竞争机制也渗入学校中，学校之间、学校内部不同班级之间都存在激烈的竞争。为了鼓励班级之间的竞争，各学校对于教师评价制度都进行了调整和完善，以便激发教师的工作热情，鞭策教师不断努力。通过教师努力，促进学生学习的提升，学校才能在校际之间取得竞争优势。教师评价制度注重对教师教学成绩的考核和评定，把教师分成优、良、合格、不合格几个等级，并以此为据对教师进行奖惩，因而教师评价分数的多少、排名的高低与教师的考核、职称评聘、奖金分配等挂钩，甚至有些学校根据考核结果实行末位淘汰制等，从而导致教师之间的竞争非常激烈。而且，有的学校由学生对教师进行打分评价，学生的评价分数也直接和教师的奖惩密切相关。所以，有的教师认为，自己所拥有的各种好的教育资源、好的教学信息、好的教学方法是"超越"他人和"制胜"的法宝，担心别人享用后超越自己。显然，当前教师评价制度存在一些弊端，不利于教师之间的合作，不利于教师间民主气氛的形成和发展，也不利于学生的发展。此外，在当前的教育教学竞争压力之下，教师也承载了繁重的工作任务，造成教师处于超负荷的境地——一方面是严格的考评制度、竞争机制，另一方面是沉重的工作压力，在这样的生存现实中，不少教师就忽略也无暇顾及同事之间的合作，单凭个人努力来取得工作成绩。

拓展阅读

将考评标准如此细化是否合适？[①]

说起学校对教师的考核制度，地处远郊区县学校的一名高中老师张莉（化名）颇感无奈地对现代教育报记者这样吐露心声："太复杂了！"

"我们学校的考核比较多元化，主要包括教育和教学两大块。教育工作主要从育人的角度，由德育处施行考核。而教学工作方面的考核就比较复杂、繁琐。"张莉介绍说，德育工作的考核主要考查班级管理，不仅

---

① 曹阳，等. 教师考评不再单拿"成绩"说事儿[OL]. 新浪教育，[2016-04-27]. http://edu.sina.com.cn/zxx/2014-07-08/1523426729.shtml.

针对班主任，普通任课老师也有班级管理的责任。另一方面则是导师制工作的完成情况，包括跟学生沟通交流的情况、辅导学生提升发展、导师制工作手册的填写等。每学期学校会有两至三次的抽查，大多以和学生访谈的形式进行。成绩突出的老师会被评为"优秀导师"。

在她看来，教学工作的考察是最令教师头疼的，也是最"压力山大"的。包括三个方面：一是常规工作，占30%；二是学生满意度，占20%，每学期期中和期末会有面向全体学生的两次问卷调查，将评价权交给学生，完全由他们给教师打分；最后一方面也是占比例最大的是对教学业绩的考核，占50%，主要体现在学生成绩上。对于高三年级来说，则主要考察升学成绩。

现代教育报记者发现，常规工作虽只占整体考核的30%，却是教师的绝大部分工作，细分项目非常复杂。制定学期计划、考试分析、工作总结、作业的布置和修改、教科研活动等教师工作的方方面面都被细化到考核指标中。张莉坦言，教师除了要承担学校的教研活动，还要参与课题项目、研究课、发表文章等各项学术活动，学校规定教师每学期至少要听20节课以上。

除此之外，教学设计也是教师日常工作的考核内容，主要是教案设计。学校要求教师超周备课，提前计划。开学初有检查，学期中间有抽查，期中和期末时间则必查，考察教师教案制作是否符合标准，以及数量是否达标。而教研组长的教学计划还要考察教学目标、方案的可操作性与合理性，以及是否符合学生特点等方面。此外，网络化教学资源平台，即"电子四库"建设也被列入对教师的考核，考察教师对教学设计、教案、课件、完整的研究课例等"四库"内容的贡献。

> 张莉笑称:"这还只是日常工作考核的一部分,算作二级指标吧,三级指标有更细的条目。"对于过多的考核项目,她有些担忧:"考核细项较多,操作起来比较繁琐,每年的评价都很辛苦。"

当前学校的制度安排中,给予教师合作的机会,提倡教师合作。但由于是校方"指定"的合作,加之教师还有繁重的教育教学工作需要完成,因此教师缺乏合作的积极性,往往被动、消极进行合作,甚至产生抵触心理。

再次,教育以及教育者所处的社会环境也导致教师之间缺少合作。我国社会处于转型期,社会利益的分化、价值取向的冲突、文化碰撞的加剧等社会分化因素,不仅使人们陷入了思想困惑和价值冲突之中,而且加剧了人与人之间的疏离感和不信任感;学校在这种大环境中也难以独善其身,教师群体也会受到社会上各种思潮和价值冲突的影响,人与人之间关系变得更加复杂和难以相处,距离感越来越强。

合作是必需的吗

有这样一个关于天堂与地狱的古老、深刻的故事：

一位一生行善无数的基督徒，他临终前，有一位天使特地下凡来接引他上天堂。天使说："大善人，由于你一生行善，成就很大的功德，因此在你临终前我可以答应你完成一个你最想完成的愿望。"

大善人说："神圣的天使，谢谢你这么仁慈。我一生当中最大的遗憾就是，我信奉主一生，却从来没见过天堂与地狱究竟长得什么样子。在我死之前，您可不可以带我到这两个地方参观参观？"

天使说："没问题，因为你即将上天堂，因此我先带你到地狱去吧。"大善人跟随天使来到了地狱，在他们面前出现了一张很大的餐桌，桌上摆满了丰盛的佳肴。

"地狱的生活看起来还不错嘛！没有想象中悲惨嘛！"大善人很疑惑地问天使。"不用着急，你再继续看下去。"

过了一会儿，用餐的时间到了，只见一群骨瘦如柴的饿鬼鱼贯而入。每个人手上拿着一双长十几尺的筷子。每个人用尽了各种方法，尝试用他们手中的筷子去夹菜吃。可是由于筷子实在是太长了，最后每个人都吃不到东西。

"实在是太悲惨了，他们怎么可以这样对待这些人呢？给他们食物的诱惑，却又不给他们吃。"

"你真的觉得悲惨吗？我再带你去天堂看看。"到了天堂，同样的情景，同样的满桌佳肴，每个人同样用一双长十几尺的长筷子。不同的是，围着餐桌吃饭的是一群洋溢欢笑、长得白白胖胖的可爱的人们。他们同样用筷子夹菜，不同的是，他们喂对面的人吃菜，而对方也喂他吃。因此每个人都吃得很愉快。①

这个故事说明了，人与人之间的合作，有助于共同完成任务，最后实现大家共赢。合作有利于彼此共同实现目标，对教师而言，同侪合作也具有必要性，这是由教师职业的内在特点、新课程改革的要求以及教师专业发展的要求决定的。

从教师职业的特点来看，教师劳动是个体性与群体性的统一。教师的劳动从劳动手段角度讲主要是以个体劳动的形式进行的，劳动有明确的分工。所以，不同的老师任教不同的班级、

> 你有一个苹果，我有一个苹果，我们交换以后，还是一人一个；你有一个思想，我有一个思想，我们交换后，将会是一人两个思想，甚至更多的思想。
> ——雨果

不同的年级。同时，教师的劳动成果又是集体劳动和多方面影响的结果。教师的个体劳动最终都要融汇于教师的集体劳动之中，教育工作需要教师的群体劳动。也就是说，学生的成长和发展，单靠每个老师孤立的教学活动难以取得很好的效果，需要教师群体共同努力。工作对象的特殊性、工作任务的艰巨性和全面性、工作过程的复杂性和创造性、工作成果的集成性和社会性，使得教师要达到好的工作效果，就要学会与人合作和与人分享。教师群

---

① 孔令启.尊重与塑造：我的和谐教育随想［M］.天津：天津科学技术出版社，2008：154.

体的力量，大于教师个人所发挥的力量，正如哲学上所说的整体大于部分之和。在案例中，田老师只关注教师劳动的个体性，忽视了教师劳动的群体性，所以对同事和领导的要求置之不理。如果他能与他人分享优秀教学心得，很好地与他人合作，在教育教学方面对学生所产生的影响将大于他个人的努力。

新课程改革也要求教师同侪进行合作。"新课程使教师的教学方式、学生的学习方式、学校的管理方式和评价方式都发生了变革，教师的合作不仅变成了可能和现实，而且更是一种工作必需。"[1]新课程改革要求教师更新教育教学理念，要立足学生的终身发展，着眼于学生的创新精神和实践能力的培养，去研究教材、指导教学；新课程改革强调课程综合化，要求打破学科之间的壁垒，这就需要教师的合作，需要教师相互借鉴、共同探讨。例如，教育教学要求完整、及时地把握学生的学习需要和兴趣，这一过程有了教师的合作将会变得更加全面。如学生的学习心理和学习能力，就可能因为不同的讲授内容、不同的讲课教师有不同的表现。在全面了解和把握学生的心理状态时，班主任要负主要责任，科任教师的合作教育也十分重要。要避免以往班主任与科任教师在工作中缺乏合作的情况，班主任可以通过科任教师更全面地了解学生的情况，科任教师也与班主任一道共同为学生的多方面成长努力。又如，在指导学生开展研究性学习时，研究性学习会涉及多个学科领域，单一学科已经不能解决问题，指导学生需要多学科教师的合作。

教师合作是教师专业发展的需要。20 世纪 60 年代以来，教师专业化逐渐成为教师职业发展的重要趋势。教师专业发展已成为当代教育改革的主题

---

[1] 任红娟，赵正新. 从个人主义走向合作——新课程对教师文化的诉求［J］. 当代教育科学，2004 (16).

之一。它主要强调教师个体的专业素养的提升,但最终目的还是指向教师群体。"虽然教师专业发展是个体的一种成长历程,但并不意味着教师在这一历程中只能忍受孤独或寂寞,合作的方式更能促进教师的专业发展。"[①] "教师专业发展不是教师把自己孤立起来,教师可能要充分发掘、利用各种可利用的自我专业发展的资源。依此来看,打破相互隔离,在了解教师专业发展的一般路径之后,敢于承认自己在专业发展过程中所存在的问题,寻求与同事的合作与帮助。"[②] 由此可见,在教师专业发展的背景下,教师要获得个人专业素养的提升,实质上应当通过教师之间的合作,在与他人合作的过程中提升自我。

教师合作也是促进学生成长的重要力量。一方面,学生的成长需要多学科教师的通力合作,教师的合作有利于学生全面获得多学科知识。而且,不同的教师对学生成长特点的认识和理解不一定完全一致,教师相互分享与共同探讨教育心得和对学生的认识,有助于对学生的全面了解,从而寻找合适的教育教学方法促进学生发展。另一方面,教师合作也潜在地影响着学生的合作品质。联合国教科文组织在《教育——财富蕴藏其中》一书中提到了未来教育的四大支柱之一就是学会共事。教师不仅自身应学会共事,还需要培养学生的合作精神。教师在工作中真诚合作,也能使学生有所感知和受影响,增强学生的合作意识,培养良好的团队合作精神。

从相关的规约也能看出,各个国家和地区也都在重视教师合作。

---

① 黎琼锋.同侪互助:一种教师专业发展的理想模式[J].教育理论与实践,2005(8).
② 叶澜,等.教师角色与教师发展新探[M].北京:教育科学出版社,2001:320.

拓展阅读

香港教育专业守则

在"对同事的义务"部分规定：

成功的教育，有赖各级各类教育工作者的合作。因此，一个专业教育工作者：

1. 应视同事为专业工作者，不因地位、职能、性别、种族、肤色、国籍、信仰、宗教或政见而加以歧视。

2. 应以学生利益为重，与同事忠诚合作。

3. 应支持同事执行专业责任，鼓励其发展潜能。

4. 应与同事分享种种观点与资料，以利于专业发展。

……

12. 不应破坏学生对同事的信任及尊敬。

13. 不应恶意损害同事的专业信誉与事业前途。

国际教育组织关于教师职业道德的宣言（节选）

在"对教育界同事的承诺"条目下，作了如下规定。

教育工作者应该通过对彼此（尤其是对刚从事教师职业或在培训中的同事）的职业等级和观点的尊重，提高同事之间的交流和帮助。

中学教师专业标准中的"沟通与合作"

《中学教师专业标准（试行）》在"专业能力"维度下设"沟通与合作"领域，对合格中小学教师应具备的沟通与合作能力提出如下要求：

与同事合作交流，分享经验和资源，共同发展。

架起合作的桥梁

教师同侪合作之于教师发展及学生发展都有重要意义。除了学校需要对促进教师合作作出合理的制度安排外，于教师而言，也可以从自我的角度作出一些合作的努力。

教师合作首先需要教师转变自身的观念，提高交流合作能力。一方面，教师应适应课程改革对教师素质提出的要求，不断更新教育理念，以良好的教育理念指导教育教学活动。而这些理念中，就包括教师合作的理念。例如，学生成长发展是全面的，需要多学科协作配合，各个教师应在尽可能的情况下多与其他教师通力合作。另一方面，教师应不断提高自我修养，改变一些常见的心态，如抵触防卫心态、文人相轻心态等。具有抵触防卫心态的教师，往往不喜欢教师之间的合作，因为合作会给原有的工作模式带来挑战，可能改变原来的舒适的工作方式，教师对于这样的改变是抵触的。而且，合作会带来对教师教育教学的评价，例如在集体听课时的评课议课等，一些教师害怕评价和批评，因而对合作有抵触心理。而文人相轻的心态，在社会许多群体中都存在，教师群体中也同样存在。教师应当克服相互交往之间的歧视和排斥，正视自己的不足，学会倾听同行的意见，主动交流和沟通，形成和谐的人际关系。而教师之间和谐的人际关系，对学生也是重要的影响力量，使学生看到了合作的力量，懂得合作的真谛。在调整理念与心态的基础上,教师合作需要教师具有较好的交流沟通能力,以促进合作的良性进展。

> **拓展阅读**
>
> **促进教师合作时适当的交流方式**[①]
>
> ● 积极的倾听。积极的倾听是与他人交往所需要的重要技能,具备这种能力就能够通过抓住讲话人所讲的主要信息来区分其中的情感内容和理性内容,当你意识到对方所传达的感情时,应该积极地倾听,尽力对别人试图交流的内容有一个明确的理解,当同事对自己的观点和感受有所反应时,教师更可能感觉到自己作为学习共同体成员的价值。
>
> ● 非评判性的意见。为在共同体成员之间营造一种信任、轻松的交流氛围,要避免对别人的观点发表判断性的意见。交流中,如果同事感觉自己的问题被评判,往往可能使交流受到限制,使教师间合作关系的发展变得更加困难。如在提问时要注意提问的方式,提问的目的是解决问题而不是谴责。不恰当的提问能妨碍交流,打断对方的思维,甚至会让对方产生抵触情绪,产生误解。
>
> ● 支持性的同事。教师需要真正为合作过程提供支持,包括支持你的同事,真心地提供支持能够加强学校共同体成员之间的关系,主动地帮助别人可以减少教师以往感到的隔阂。每个人都值得信任和尊重,对你的同事的支持也更有助于学校教师间的合作。
>
> ● 发表自己的看法。通过与别人分享自己的想法来加强教师间的合

[①] 马传军.当代合作型教师文化研究[D].华东师范大学,2010:52.

作，在交流中花费一些时间进行反思，并诚实、清楚、简洁地表达自己的观点，这样别人就可以更好地理解自己的想法，通过新观点来丰富谈话内容，扩展交流。

教师合作有多种具体方式，例如，年级组内教师之间的合作包括以下几个层面。

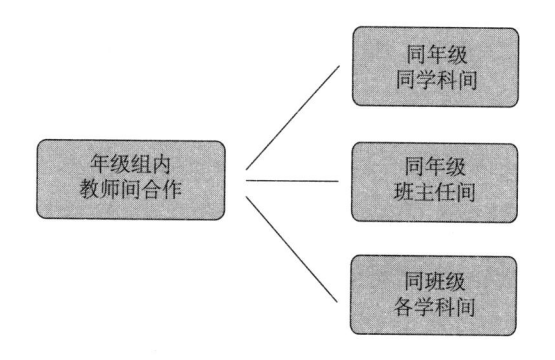

```
                    ┌─ 同年级同学科间
年级组内教师间合作 ──┼─ 同年级班主任间
                    └─ 同班级各学科间
```

学生的发展是多方面的，涉及多个科目的学习。这就要求各学科的教师通力合作，共同分析学生成长的需要，为学生成长提供条件。因此，各科目教师需要多加强交流，了解学生在不同教师的课堂上的表现，综合判断学生发展情况。如果各科教师之间缺少交流，很容易造成片面了解学生的发展情况，不利于对学生因材施教。

学生成长发展的问题，班主任与科任教师应该通力合作。科任教师在

> 所有与教育有关的人，不论是管理者、教师还是学生，都会有痊愈和新生的机会。学习，共同学习，这是最适合我们所有人的。
>
> ——帕克·帕尔默

课堂上，不仅仅是知识教学，也是对学生品德培养的过程，科任教师对学生的全面发展也负有一定责任。如果只由班主任来完成对学生的管理和引导任务，不仅对班主任而言工作压力增大，而且对学生而言，不利于他们的全面成长。

所有教师都是在培养学生，教师之间分享资料是为了能更好地促进学生的进步。案例中，田老师拒绝分享资料，会导致优秀的教学资源不能对所有学生公开，不利于全体学生的进步。教师应该着眼于全部学生的整体发展，通力合作，而不是固守个人的成绩。

教师合作的方式，还可以有：教研组内教师之间的合作。例如，同学科教师的集体备课，这已经成为了许多学校开展合作教研的重头戏。但有的学校集体备课流于形式，缺乏好的效果。集体备课应成为教师探究有效教学、相互促进、共同成长的平台。以下这个学校在集体备课方面的做法有值得借鉴之处。

集体备课"四步流程"模式[①]

（1）确定任务，个人自备。在每次进行集体备课前先由组长下达将要备课的内容，然后备课组的每位教师分头进行内容整合，通过查找资料，查找各自认为针对性强的练习题，整合自己的备课教案。个人独立备课或提出课堂教学中存在的问题或困惑。这是集体交流的基础和前提。为此教师必须做好最初的教学设计或收集最近一段时间教学中存在的问题。

（2）集中研习，达成共识。备课组内所有教师共同交流、评议，共同完成教学预案。这一阶段重点在于引导每位教师认真交流教学设想，提出自己进行教学设计时的认识、感受、体会以及相关教学经验和解决问题的策略。

---

① 马传军. 当代合作型教师文化研究［D］. 华东师范大学，2010：57.

交流时先由教师说课，做到说教材、说教法、说学法、说教学程序等。组内成员各抒己见，对整体计划内容及其总纲进行进一步的去粗取精。组内成员针对教材、教法进行集体研讨，对"初备教案"提出改进意见，最后达成共识。

（3）分头施教、验证方案。通过每位教师在各自课堂施教，教师自觉将集体备课的成果转化为教学行为，而不是照搬集体备课的成果。在进行这一步时，每一位教师要思考在教学实践中遇到的问题，哪些地方处理方法值得以后借鉴。课后，根据本班学生实际和本人教学风格在备课本上整理出集体备课后生成的教案，力求体现共性和个性的完美结合。

（4）反思拓展，总结提高。在这一环节中着重把每位教师在教学实践中遇到的问题以及自己认为在课堂上的智慧在集体备课中展开系统的研究讨论，备课组教师结合自己的教学实际，认真反思，进一步完善优化教学设计，进而形成本团队特有的成功知识积累。

关于教师合作，以下一则寓言故事可以再给我们以一些启发。

汤石的故事

有一个装扮像魔术师的人来到一个村庄，他向迎面而来的妇人说："我有一颗汤石，如果将他放入烧开的水中，会立刻变出美味的汤来，我现在就煮给大家喝。"

这时，有人就找了一个大锅子，也有人提了一桶水，并且架好炉子、放好木材，就在广场煮了起来。

这个陌生人很小心地把汤石放入滚烫的锅中，然后用汤匙尝了一口，很兴奋地说："太美味了，如果再加入一点洋葱就更好了。"立刻有人冲回家拿了一堆洋葱。

陌生人又尝一口："太棒了，如果再放些肉片就更香了。"又一个妇人快速回家端了一盘肉来。

"再有一些蔬菜就完美无缺了。"陌生人又建议道。在陌生人的指挥下，有人拿了盐，有人拿了酱油，也有人捧了其他材料。

当大家一人一碗蹲在那里享用时，他们发现这真是天底下最美味好喝的汤。

那不过是陌生人在路边随手捡到的一颗石头。其实只要我们愿意，每个人都可以煮出一锅如此美味的汤。当你贡献自己的一份力量时，众志成城，汤石就在每个人的心中。

温暖的力量：寻求教师合作新形式

教师合作都有哪些新颖、有趣的形式呢？以下几种形式值得借鉴。

第一，同伴互助。同伴互助是近年来欧美国家采用的比较成功的教师合作形式之一。"同伴互助是两个或两个以上同一层级的教师互相支持解决共同面对的教育教学问题的专业生活方式。"在这一过程之中，教师可以分享知识，相互提供支持，给出反馈意见，因此，它有助于加强教师间的交流与合作，有助于合作型教师文化的发展。同伴互助一般可以分为三个阶段：课程准备、示范教学和课后研讨。在课程准备阶段，同伴教师要研读教材，交流想法，讨论课程的设计，为课堂教学做好准备；在课后研讨阶段，要对示范教学的效果进行反馈，通过相互学习和纠正，以改进教学策略和成效。

第二，专业对话。"专业对话是指教师在专业领域里，对教育活动涉及的各个方面，与同仁们进行交流、切磋研讨，对一些问题能相互理解，或能达成共识，或有积极的反应。"可见，专业对话能促使教师深入思考教学中的问题，借鉴他人的观点和方法，扩展自己的专业视野。由于每位教师的求学历程、知识经验、智慧水平、思维方式以及生活方式等都存在着个人特征，通过专业对话可以使他们产生共鸣，产生进一步合作的愿望。专业对话的教师可以是本学校的教师，也可以是校外教师和高校专家。

第三，虚拟共同体。教师虚拟共同体"是一种教师与同伴进行有意义、持续交流的方便途径,参与的教师拥有共同的兴趣,关注同样的问题,面对类似的挑战,来自不同学校的教师参与到同一对话,通过网络创设一个安全的环境来讨论工作中的挑战,互相学习"。虚拟共同体将教师间的交流与合作从面对面、真实的情境扩展至网络化的、虚拟的空间中。在网络上,教师完全可以开诚布公地批评、辩驳、阐发自己的理念和见解,从而实现观点与心灵的真实碰撞。同时,网上交流可以克服时间、场所的限制,可以延时交流、随时对话,可以一对一细心沟通,也可以多人共同探讨一个主题。

第四,合作教育行动研究。教育行动研究于20世纪50年代兴起于美国,是教师以合作方式进行学习的一种主要形式,通过这种过程学习的东西更容易和他人分享。教师的研究更多的是行动研究,是在自然情境下对自身的实践进行研究,它以自主、实践、开放、反思为主要特征,以实践情境为主要研究场所,研究旨在解决现实问题,并通过实践来检验实践者对现实问题的看法是否正确,解决问题的设想和措施是否有效,进而达到研究者理性的自觉,切实地改变现实。在这样的研究活动中,作为研究主体的教师不仅需要与理论工作者的合作,也需要教师之间的合作。教师间的合作可以使行动研究的问题更突出、更具有相似性和代表性,对问题情境的认识变得更清晰、更明确;使问题原因的分析和解决办法的预设更具多样性、针对性和可操作性;使研究过程的实施更顺畅、更高效;使反思与总结活动更具有批判性、创新性等。[①]

[①] 宋萍. 教师专业发展视域下合作型教师文化研究[D]. 河北师范大学, 2008:50-51.